Joseph Baader

Ein pfalzbayerischer Prinz und sein Hofmeister

Ein kulturgeschichtliches Bild aus dem Ende des XVI. Jahrhunderts

Joseph Baader

Ein pfalzbayerischer Prinz und sein Hofmeister
Ein kulturgeschichtliches Bild aus dem Ende des XVI. Jahrhunderts

ISBN/EAN: 9783743630567

Hergestellt in Europa, USA, Kanada, Australien, Japan

Cover: Foto ©ninafisch / pixelio.de

Weitere Bücher finden Sie auf **www.hansebooks.com**

Ein pfalz-bayerischer Prinz

und sein Hofmeister.

Ein culturgeschichtliches Bild aus dem Ende des XVI. Jahrhunderts,

nach archivalischen Akten entworfen,

von

Joseph Baader,

k. Archivsconservator in Nürnberg.

Neuburg 1864.

Druck von J. B. Rindfleisch.

Inhalt:

	Seite
Vorwort	3
I. Erziehung und Bildung des Prinzen	5
II. Der Besuch der Universität Tübingen	30
III. Die Reise nach Italien	49
IV. Der Hofmeister	57
V. Beilagen 1 — 4	62

Vorwort.

Aus der Vergangenheit ist nur wenig archivalisches Material vorhanden, worin die Ansichten derselben über Erziehung und Unterricht der Jugend ausgesprochen und die hierauf bezüglichen Ordnungen mitgetheilt sind. Es gilt dieses namentlich von dem Laienstande; der Clerus hat davon Mehreres aufzuweisen. Die Statuten der alten Domstifte, der Dom- und Klosterschulen geben schon ein deutlicheres Bild der Methode, wie bei denselben erzogen, unterrichtet und gebildet wurde. Doch davon ist hier nicht die Rede, auch nicht von den Studienordnungen und Disciplinen der alten Hochschulen. Es handelt sich hier um eine viel spätere Zeit und um den Gang, den die Erziehung und Bildung des fürstlichen Standes im XVI. Jahrhunderte oder vielmehr am Schlusse desselben genommen hat. Dieses soll an dem Beispiele eines pfalzbayerischen Prinzen jener Zeit gezeigt werden.

Was in den nachfolgenden Blättern geboten wird, besteht aus Aufzeichnungen des Landhofmeisters im Herzogthume Sulzbach, Wolfgang Philipps von Brand, der früher als Hofmeister die Erziehung und den Unterricht des Prinzen August von Pfalz-Neuburg, des Stammvaters der pfalzgräflichen Linie Sulzbach, geleitet hatte. Dieselben enthalten Instruktionen und Ordnungen des Pfalzgrafen Philipp Ludwig von Pfalz-Neuburg, wie seine Söhne erzogen, unterrichtet und herangebildet werden, und wie sie sich bei gewissen Vorkommnissen, an Höfen und auf Reisen, an Universitäten und sonst allenthalben verhalten sollen, und Gutachten, Rathschläge und andere Nachrichten des Hofmeisters.

Um den eigenthümlichen Charakter der einzelnen Instruktionen, Ordnungen und Berichte nicht zu beeinträchtigen, werden sie in derselben Form mitgetheilt, in der sie erlassen und abgefaßt sind, nur mit Anwendung der neuern Orthographie. Den beigegebenen Einleitungen liegen, wo sich das Material dazu vorfand, die Berichte und Schreiben des Hofmeisters zu Grunde.

Die Culturgeschichte ist ein Spiegel, der uns die vergangenen Zeiten in einem getreuen Bilde entgegen hält. Möchten die folgenden Blätter als ein kleiner Beitrag zu derselben und zur Geschichte des erlauchten Hauses Wittelsbach günstig aufgenommen werden! Das dazu benützte Material liegt verwahrt beim kgl. Archiv zu Nürnberg.

Nürnberg im Juli 1863.

Der Verfasser.

I. Erziehung und Bildung des Prinzen.

Herzog Georg der Reiche von Niederbayern hatte keine männlichen Nachkommen und wollte gegen die Bestimmungen des bayerischen Hausvertrages von Pavia (1329) sein Land seiner einzigen Tochter Elisabeth und deren Gemahl, dem Pfalzgrafen Ruprecht, einem Sohne des Churfürsten Philipp von der Pfalz, hinterlassen. Diese Bestimmung führte bekanntlich zu dem verderblichen Kriege zwischen Herzog Albrecht von Oberbayern, der die Rechte des bayerischen Hauses verfocht, und Ruprecht und seiner Gemahlin, die das den Hausverträgen zuwiderlaufende Testament Georg des Reichen mit Gewalt durchsetzen wollten. Aber Letztere wurden beide noch während der Dauer des Krieges i. J. 1504 vom Tode hinweggerafft. Ihre Söhne, Namens Ott Heinrich und Philipp, erhielten durch den Spruch zu Köln (30. Juni 1505), der dem länderverwüstenden Kriege Einhalt that, und durch den spätern Konstanzer Ausspruch (2. Juni 1507) die beiden Herzogthümer Neuburg an der Donau und Sulzbach, jenes aus der Hinterlassenschaft ihres Großvaters, des Herzogs Georg, dieses aus dem Ländergebiete des Herzogs Albrecht, unter dem Namen der jungen Pfalz zu ihrem Antheile.

Ott Heinrich trat später zur Augsburgischen Confession über. Er führte dieselbe auch in den Herzogthümern Neuburg und Sulzbach ein. Nach dem kinderlosen Hinscheiden seines Vetters, des Churfürsten Friedrich von der Pfalz, erhielt er auch die Churwürde. Er war aber auch kinderlos, und als eifrigen Anhänger der Lehre Luthers quälte ihn der Gedanke, daß nach seinem Tode die Gesammtpfalz an die pfalzgräfliche Linie Simmern übergehen sollte. Denn diese bekannte sich zur Lehre Calvins, die Ott Heinrich als eifriger Lutheraner gründlich haßte. In dieser Beziehung wollte er wenigstens die Herzogthümer Neuburg und Sulzbach sicher stellen und ihnen durch Bestimmung seines Nachfolgers die Augsburgische Confession erhalten. Seine Wahl fiel auf seinen Vetter, den Pfalzgrafen Wolfgang von Zweibrücken, der der Lehre Luthers ergeben war. Durch den Vertrag vom 13. November 1553 und die Schenkungsurkunde vom 13. November 1558 wurde Pfalzgraf Wolfgang als Erbe und Nachfolger Ott Heinrichs in den Herzogthümern Neuburg und Sulzbach eingesetzt. Er ist der Stammvater des erlauchten bayerischen Regentenhauses. Er starb i. J. 1569 und theilte seine Lande unter seine Söhne. Philipp Ludwig, der älteste, erhielt das Herzogthum Neuburg, Johann das Herzogthum Zweibrücken, Otto Heinrich das Hergothum Sulzbach, Friedrich die Stadt Vohenstrauß mit einigen Aemtern, und Karl die Pfalzgrafschaft Birkenfeld. Wir haben es hier nur mit dem Pfalzgrafen Philipp Ludwig zu thun, der nach dem kinderlosen Hinscheiden seiner Brüder Friedrichs (1597) und Otto Heinrichs (1604) auch Vohenstrauß und das Herzogthum Sulzbach erbte.

Pfalzgraf Philipp Ludwig vermählte sich am 27. Sept. 1574 mit Anna, der Erbtochter des Herzogs Wilhelm von Jülich, Cleve und Berg. Mit ihr erzeugte er den Pfalzgrafen Wolfgang Wilhelm, seinen Nachfolger im Herzogthume Neuburg, den Pfalzgrafen August, der Sulzbach zu seinem Antheile erhielt und der Stammvater der pfalzgräflichen Linie Sulzbach ward, und den Pfalzgrafen Johann Friedrich, dem Hiltpoltstein zu Theil ward.

Pfalzgraf Philipp Ludwig (geboren 2. Oktober 1547, gestorben 12. August 1614) war ein weiser, ein frommer Fürst, ein eifriger Anhänger der Lehre Luthers und der Augsburgischen Confession, und ein abgesagter Feind der katholischen Kirche und des Calvinismus, der von seinen Vettern in der Churpfalz gepflegt wurde. Er war ein Fürst von altem Schrot und Korn, teutscher Sitte hold, und fremdländischen Gewohnheiten, Gebräuchen und Moden, wie sie zum Nachtheile teutschen Wesens an Höfen und sonst allenthalben nur zuviel Eingang und Nachahmung gefunden, von Herzen gram. Bezüglich seiner

Söhne ging sein Hauptbestreben dahin, sie vor allem zu guten Christen und sodann zu weisen, verständigen und tapfern Fürsten zu erziehen, sie vor den Verirrungen der Jugend und vor allem Schaden an Leib und Seele zu bewahren. Die Verordnungen, die er deßhalb dem Hofmeister und Lehrer seiner Söhne gab, geben Zeugniß von der väterlichen Sorgfalt für das Wohl seiner Söhne. Zeigen sie mitunter auch eine zu große Aengstlichkeit, sie vor den Lehren der katholischen Kirche und des Calvinismus zu bewahren, die uns kleinlich und übertrieben erscheinen mag, so müssen wir doch dem Geiste der damaligen Zeit und der persönlichen Richtung und Anschauung des Pfalzgrafen gebührende Rechnung tragen.

Nach dieser, wie es uns scheint, keinesfalls überflüssigen Einleitung wenden wir uns zurück zu Pfalzgrafen August, dem zweiten Sohne Philipp Ludwigs, den die nachfolgenden Blätter hauptsächlich zum Gegenstande haben werden. Sein jüngerer Bruder Johann Friedrich, geboren 23. August 1587, kommt hier weniger in Betracht.

August wurde geboren am 2. Oktober 1582. Im Jahre 1598 erreichte er sein 16. Lebensjahr. Er war ein sehr talentvoller Prinz, mit den trefflichsten Eigenschaften des Geistes und Herzens geschmückt, und körperlich nicht minder ausgezeichnet. Bis zu seinem 16. Lebensjahre wurde seine Erziehung und Bildung von einem Zucht- und Lehrmeister geleitet. August, der in seinen Studien, namentlich in der lateinischen, französischen, italienischen und teutschen Sprache außerordentliche Fortschritte gemacht, hatte die Knabenschuhe bereits ausgezogen und zeigte eine große Reise des Verstandes. Er sollte sich jetzt vorbereiten zum Besuche höherer Lehranstalten, und vorbereiten zum Eintritte ins öffentliche Leben, zum Besuche fremder Höfe und zu Reisen ins Ausland, und überhaupt auch zu jener äußerlichen Bildung, die einem jungen Fürsten zusteht. Statt des Zucht- und Lehrmeisters sollte er nun einen Hofmeister erhalten. Sein Vater erwählte dazu nach langem Bedenken den

Wolfgang Philipp von Brand aus einer altadelichen Familie des Herzogthums Sulzbach, der mehrere Universitäten besucht, sich eine gute wissenschaftliche, namentlich juridische Bildung eigen gemacht und bereits einige Jahre im Hofdienste des Pfalzgrafen Philipp Ludwig und seines verstorbenen Bruders Friedrich zugebracht hatte.

Unter den Befehlen des Hofmeisters standen auch die Junker, die den Prinzen als Hofstaat, und die Jungen, die ihnen als Gesellschafter beigegeben wurden, und die ganze Dienerschaft desselben. Wegen des jüngern Bruders, des Pfalzgrafen Johann Friedrich, und um die Sprachübungen fortzusetzen, wurde auch der bisherige Präceptor der Prinzen, M. Caspar Heuchelin, noch beibehalten. Für den Hofmeister und Präceptor warden sodann eigene Instruktionen oder Bestallungen entworfen, in welchen die Grundsätze ausgesprochen sind, nach welchen die Erziehung und der Unterricht der Prinzen geregelt werden soll, und worin fast Alles bezeichnet wird, was ein Prinz damaliger Zeit wissen und verstehen sollte. Wir geben diese wichtigen Instruktionen in derselben Form, wie sie erlassen werden, und bringen nur die neuere Orthographie dabei in Anwendung.

1. Instruktion für den Hofmeister.

Wir Philipps Ludwig, von Gottes Gnaden Pfalzgraf bei Rhein, Herzog in Bayern, Grafe zu Veldenz und Sponheim ꝛc., bekennen und thun kund in Kraft dies Briefs, daß wir als der Herr und Vater der hochgebornen Fürsten, unserer geliebten Söhne Augusti u. Joh. Friderichs, beeder Pfalzgrafen ꝛc., zu Gemüth geführt, welcher Gestalt in all Weg löblich und ehrlich, die jungen Fürsten dermaßen in ihrer Jugend aufzuziehen und zu unterweisen, damit sie künftig Land und Leuten desto besser und nützlicher vorstehen und dieselben also regieren mögen, damit Gottes Ehr gefördert und die Unterthanen heilsamlich regiert, und alle Zucht und Ehrbarkeit aufgepflanzt und erhalten werde. Dieweil wir dann bisanhero vermeldte unsere zwen Söhne, so viel an Uns gewesen, als ein getreuer Herr und Vater mit einem Zucht- und Lehrmeister nothwendiglich versorget, und aber dieselben nunmehr und insonderheit unser andergeborner Sohn, Pfalzgraf Augustus, ein mehrers Alter erreichet, auch mit der Zeit fremde Höfe und Anders, so zu nothwendiger Erfahrung dienstlich ist, ersuchen möchten, so haben wir ihnen, wie es auch bei Fürsten und in unserm Haus bisanhero herkommen, unsern Lieben Getreuen Wolf Philippsen vom Brandt zu einem Hofmeister nachfolgender Gestalt bestellt und angenommen, bestellen und nehmen ihne auch hiemit auf und an in Kraft dies Briefes, wie unterschiedlich hernach folgt:

Nemblich soll er Hofmeister vor allen Dingen sondern Fleiß fürwenden, daß gedachte unsere Söhne in dieser ihrer Jugend in der wahren christlichen und alleinseeligmachenden Religion, so wir und andere der Augspurgischen Confession verwandte Stände, auch wir insonderheit in unser selbst ausgangenen und publicirten Kirchenordnung *) bekennen, aufwachsen und zunehmen, derselbigen allein anhangen, und mit keinen andern Opinionen, Sekten oder Irrthumen, sie heißen Schwenkfeldisch, Zwinglisch, Calvinisch oder wie sie wollen, befleckt werden, oder sich in fürwitzige, gefährliche disputationes, so nit zu christlicher Erbauung dienen, einlassen, oder anders von den hohen Artikuln unsers christlichen Glaubens reden oder disputirn, wie weder die Augsburgische Confession, so auf die heilig, göttlich, prophetische und apostolische Schrift gegründet, und derselben Erklärung und gleichförmige in unsern Kirchen approbirten Schriften mit sich bringen.

Insonderheit nachdem dieser Zeit ein ganz gefährlicher Stritt vom hochwürdigen Nachtmahle unsers Herrn u. Heilands Jesu Christi nit allein in Teutscher, sondern auch in andern

---

*) Publicirt unterm 19. November 1570.

fremden Nationen eingerissen, deren sich viel Leut hohen und
niedern Stands nit mit geringer Aergernuß vieler gutherzigen
Christen beladen, so soll vorbenannter unserer Söhne Hofmeister
mit allem möglichen und ernstlichen Fleiß verhüten, daß obge-
dachte unsere Söhne, oder auch diejenigen, so jeder Zeit auf
sie warten, nit anders von obangezogenem Artikul reden oder
halten, dann wie solches die Wort unsers einigen Erlösers und
dann des heiligen Apostels Pauli an ihnen selbst mit sich bringen, und in obbemeldter Confession und Kirchenordnung, auch
hievon im Druck ausgangenem libro concordiae und andern
Schriften, die mit demselben gleichstimmen, erklärt und aus-
gelegt wird.

Damit auch mäniglich vermerke, daß das Leben der Lehr
nachfolge, und die Erkanntnuß der wahren Religion nicht ohne
Frucht abgehe, so soll Hofmeister gleicher Gestalt daran sein,
daß sie unsere Söhne in wahrer Gottesfurcht, Demuth und
christlicher Zucht, auch ehrbaren fürstlichen, adelichen, löblichen
guten Sitten und Tugenden auferzogen und unterwiesen werden,
insonderheit daß sie in diesem Alter in keine Unzucht gerathen,
ein ernstlich gebührend Einsehen haben und darob seien, daß
sie sich aller frechen Leute Gemeinschaft soviel als möglich ent-
schlagen, u. derselben zur Verhütung böser Sitten u. vielleicht
Leibsschäden, so daraus gemeiniglich erfolgt, gänzlich müßig stehen.
Wie er dann nit allein sie unsere Söhne, sondern auch die
ihnen zugegebene Junkern, auch Diener und Jungen in guter
Zucht und zu fleißigem Aufwarten anhalten solle.

Wo auch er Hofmeister an unsern Söhnen etwas sehen
oder spüren würde, das fürstlicher Zucht und Ehrbarkeit zuwider, so soll er ihnen dasselbig mit sonderm Fleiß, und wo
es die Nothdurst erfordert, mit gebührendem Ernst vermelden,
auch sie zur Besserung nach aller Möglichkeit anhalten. Da
er aber in solchem die Folg nit erlangen möchte, alsdann dasselbig Uns jederzeit zu berichten, damit wir selbst unsern väterlichen Ernst fürwenden, hiemit verpflichtet und verbunden sein.

So soll auch Hofmeister daran sein, daß unsere Söhne in dieser ihrer blühenden Jugend, in welcher beide Stück, nämlich Zucht und Lehr, zum höchsten nothwendig sein, allwegen Morgens und Abends etwas in der Bibel alten und neuen Testaments in lateinischer, französischer, italiänischer und teutscher Sprach lesen, damit ihnen der Text der heiligen göttlichen Schrift gemein und bekannt werde, wie wir dann ihrem unserer Söhne bestelltem præceptori M. Casparo Heuchelio der Doctrination halber in seiner Instruktion oder Bestallung ausführlichen Befehlch gegeben. Darob er Hofmeister soll helfen halten, daß demselben also mit Fleiß nachgesetzt werde.

Item gemeldter Hofmeister soll daran sein, daß unsere Söhne alle Sonn- und Feiertage und sonsten in der Wochen, wie gewöhnlich, die Predigt und den Gottesdienst, sie seien allhie oder an denen Orten, da unser christlichen Bekanntnuß gemäß gepredigt und gelehrt wird, besuchen, nit allein ihnen selbst zu einer Unterweisung, sondern auch ihren Dienern und Andern zu einem christlichen Exempel.

Im Fall es sich aber zutrüge, daß sie in fremden Landen oder auch uf den Reisen oder sonst bisweilen papistischen oder andern Predigten beiwohnen würden, so soll Hofmeister allweg die Beförderung thun, daß unsere Söhne hernacher durch ihren præceptorem nothdürftiglich erinnert werden, in welchem Puncten oder Articul der Prädicant geirrt, damit sie sich vor falscher verführerischer Lehr zu hüten wissen.

Was wir auch diesorts von Besuchung papistischer oder anderer Predigten, die mit unserer Confession nit gleichstimmen, vermelden lassen, das soll dahin nit verstanden werden, als sollten unsere Söhne solchen Predigten und Kirchen viel beiwohnen, sondern unser endlich Gemüth und Meinung stehet dahin, daß sie sich deren soviel immer möglich entäußern. Da es sich aber je begebe, daß es sein müßte oder ihnen etwa fürgebildet würde, als predigte man desselben Orts nichts

Unchristlichs, daß sie sich dannoch vor falscher Lehr wissen beständiglich zu hüten.

Insonderheit wollen wir gar nit, daß unsere Söhne bei dem abgöttischen Gräuel der Meß und deren anhangenden Ceremonien seien oder mitopfern und andern etwas darzu zuleisten sich bereden lassen, sondern legen unserm Hofmeister hiemit auf, daß er sie davon abhalte, in Betrachtung, daß uf Gottes des Allmächtigen unwandelbar Wort in diesem Fall mehr zu sehen dann auf einigs Menschen Autorität, Gunst oder Ungunst, er sei gleich wer er wolle.

Do sie unsere Söhne auch von Jemanden ersucht oder angesprochen würden, der Meß und papistischen Ceremonien beizuwohnen, sollen sie sich mit glimpflicher Bescheidenheit entschuldigen und gebührlich dafür bitten, mit Vermeldung, daß sie in einer andern Religion, so Gottes Wort gemäß, geboren und erzogen, auch von Uns als ihrem Herrn und Vatern ausdrücklichen u. ernstlichen Befehl empfangen, der papistischen Meß und Ceremonien sich zu enthalten.

Nachdem auch unsere Söhne etwan an fremder Potentaten Höf verschickt werden möchten und denselben auf den Dienst warten müsten, so soll Hofmeister gut Achtung geben, damit solches alles mit sonderm Fleiß zu rechter Zeit, wie gebräuchlich, geschehe, damit im selben nichts versäumbt werde, und sich unsere Söhne in deme alles gebührenden Gehorsams, diensthaft, züchtig, wohlgebährdig und freundlich erzeigen.

Was sie dann neben dem Aufwarten für übrige Zeit haben, und soviel die Gelegenheit immer geben mag, die wird Hofmeister mit Rath und Zuthun ihres præceptoris Heuchelii zu Continuirung ihrer unserer Söhne Studien und Lehr, auch Uebung in Sprachen wohl wissen auszutheilen.

Ferner soll obbemeldter Hofmeister befördern, daß unsere Söhne der lateinischen, französischen und italiänischen Sprach nit vergessen, sich mit denen Dienern und Andern, so gemeldte

Sprachen können*), durch dieselbe besprachen und unterreden und je länger je mehr darinnen üben und zunehmen. Wie sie dann darbei sich auch der teutschen Sprach befleißen und dahin gewöhnen sollen, daß sie fürstlich tapfer, mannlich und mit guten, lautern, verständiglichen Worten, allen Ueberfluß hintangesetzt, da es von Nöthen, nothwendige Sach reden und fürbringen mögen. Darinnen sie dann auf andere verständige Fürsten und geschickte Personen ein fleißig Aufmerken haben sollen.

Gleichergestalt sollen unsere Söhne dahin angehalten werden, daß sie fein deutlich und verständiglich schreiben und concipiren lernen, damit sie mit der Zeit in Händeln desto besser zu gebrauchen und nit allwegen im Fall der fürstehenden Noth auf Andere sehen und warten dürfen. In welchem Allem sie auch Fleiß ankehren sollen, wohl wahrzunehmen, was andere verständige und erfahrne Fürsten, wann die mit eignen Handen schreiben, für einen Stylum halten, und was sich gegen höhere, gleiche und niedere Personen diesfalls gebühre, gewöhnlich und üblich seie.

Und dieweil die Erfahrung fremder Lande, Leute, Gewohnheit und Sitten insonderheit fürstlichen Personen in viel Weg nützlich und dienstlich ist, so soll Hofmeister daran sein, daß unsere Söhne an allen Orten, dahin sie vielleicht kommen möchten, dasjenig hören, sehen und erfahren, so zur Besserung, auch mehrer Information in weltlichen Händeln fürträglich, und nit dasjenig annehmen, so bei frembden Nationen oder sonsten mehr zu strafen dann zu loben, als Unzucht, Pracht, frembde und ungewöhnliche Kleidung und Gebährden und was dergleichen Leichtfertigkeit mehr ist. Und dieweil sie unsere Söhne geborne Teutschen, sollen sie auch billig bei dem löblichen teutschen Gebrauch bleiben.

Und nachdem Wahrheit, Aufrichtigkeit aller Tugenden

---

*) Verstehen.

Zier und ein sonder hohes Kleinod ist, sonderlich bei fürstlichen Personen, welche vor Andern sich solcher Tugend billig befleißen sollen, wie dann fürnehmlich die teutsche Fürsten von Alters deßwegen für andern Nationen hoch gerühmet u. gepreiset sein, so soll oft benannter Hofmeister unsere Söhne jederzeit fleißig warnen, denjenigen nit nachzufolgen, welche in ihrem Reden und Thun unbeständig, unwahrhaftig u. leichtfertig sein, deren dann Viel zu diesen Zeiten an allen Orten gefunden werden, sondern daß sie, wie sie von der ersten Jugend auferzogen, in all ihren Reden, Thun u. Wesen wahrhaftig, tapfer u. beständig seien, sich bei fremden Leuten selbst nit viel rühmen, sondern vielmehr aller Tugend und Tapferkeit befleißen, damit der Ruhm bei Andern folge, auch in allen Reden und Handlungen wohl bedenken, was jederzeit zu reden, zu thun oder zu lassen seie, damit sie sich nit etwa selbst übereilen, etwas reden oder Andern zusagen, welchs ihnen hernach schimpflich, nachtheilig und verkleinerlich sein möchte, auch, wann sie mit andern hohen oder niedern Standspersonen von allerhand wichtigen Sachen u. Händeln zu Rede kommen, jedesmals fleißig merken und in Gedächtniß behalten, was, wo, wann und von wem ein Jedes geredt worden seie, ob es je zuweilen dessen einen rechten Grund und Gewißheit zu haben von Nöthen thun möchte.

Es sollen auch unsere Söhne sich mit Niemands in einige Disputation einlassen, sonderlich in Religions- und Kriegssachen, indeme sie allein zu hören, oder, da es die Gelegenheit füglich geben will, gar abtreten, wo aber nicht, gleichwohl also vernünftig u. bescheidenlich davon Red u. Antwort geben, daß nit etwa den Affecten nach daraus präsumirt werden möge, als gedächten sie einem oder dem andern Theil, soviel die politische Händel betrifft, dadurch mehr oder weniger zu favorisiren, ab oder zuzulegen.

Wann unsere Söhne zu fremden ansehnlichen Leuten, oder Jemandes zu ihnen geschickt würde, soll er Hofmeister daran sein, daß sie sich mit tapferer Ehrerbietung, Empfahung,

Gespräch und Anderm nach Gestalt der Sachen freundlich und gütig erzeigen, in Betrachtung, je höher die Person ihrem Stand nach ist, je mehr sie sich nit allein gegen Ihresgleichen, sondern auch gegen andern ehrlichen und ehrbaren Personen, sondern gegen denen, so etwa fremd oder sonst in einem Ansehen sind, ehrerbietig erzeigen sollen, damit sie bei Männiglich durch Solches Lob und Ruhm empfahen. Doch soll er Hofmeister aufsehen, daß sich unsere Söhne dannoch nit zugemein machen und sich dardurch verkleinern.

Er Hofmeister soll auch daran sein, daß sich unsere Söhne aller unziemlichen leichtfertigen Reden, Gebärden und Thaten enthalten, und sich insonderheit, wo ehrliche Frauenzimmer vorhanden, dermaßen befleißen, damit man sie als wohlgezogene Fürsten zu allen Ehren, Ehrbarkeit, Tapferkeit und Tugend geneigt spüre.

Und nachdem leider das übermäßig Fressen und Saufen in teutscher Nation und auch an etlichen Höfen vielfältiglich eingerissen, so ist unser Will und Meinung, daß oftbemeldter Hofmeister unsern Söhnen die Uebermaß in diesem Fall keineswegs gestatte, oder für sich selbst gebrauche, auch ihren Kammer- und Hofjunkern, da wir ihnen deren einen oder mehr hielten, noch andern Dienern nit zugebe, sondern daran seie, daß sie unsere Söhne gute ordentliche Temperanz halten, auf Maß und Weis, wie sie allhie bei uns gewohnt gewesen, daß sie sich auch durch Andere, sie seien hohen oder niedern Stands, in dies gräulich Laster nit einführen oder treiben lassen, in Betrachtung, daß weder Gott noch der Welt damit gedienet, sondern die göttlich Majestät dardurch zu Zorn gereizt, auch allerlei Unfall an Leib, Seel und aller Wohlfahrt daraus entstehen kann, wie solches die Exempel und tägliche Erfahrung augenscheinlich und gnugsam erweisen.

Zuvorderst und bei diesem allem soll er auf unserer Söhne Personen und Leib auch gute Achtung haben, und da denselben einige Gefahr, Leibskrankheit und was dergleichen mehr ist, zustehen wollte oder sich sonsten was Wichtigs zutragen würde, so Uns zu wissen von Nöthen, solchem allem nit allein mit zeitlichem Rath der fürnehmsten medicorum u. Leibärzt, so er gehaben mag, u. möglicher Abwendung begegnen, sondern auch dasselb alsbalden und unverzüglich an Uns oder unsere geliebte Gemahlin, oder in unser beider Abwesen an unsere Statthalter, Hofmeister, Kanzler und fürnehmste Räthe gelangen, inmittels aber ohne der medicorum Vorwissen und Gutheißen ihnen nichts eingeben lassen. Darunter er doch fürnehmlich gut Aufsehen haben soll, daß zu Abwendung solcher Schwachheit nit gar zu starke und kräftige Arznei gebrancht, sondern derselben sonsten soviel als möglich mit gelinder Arznei und guter diäta fürkommen werde.

Er soll auch unserer Söhne halben ein fleißiges Aufsehen haben, daß sie sich mit Obsteßen, Wassertrinken und dergleichen nit überladen, daraus zufallende Krankheiten, Schwachheit und Abgang natürlicher Kräften gemeiniglich verursacht und zu entspringen pflegen.

Da auch unsere Söhne nit allhie, sondern an fremden Orten wären, und sich aus Gottes Verhängnuß Sterbsläufte oder sonsten böse Seuchen und Krankheiten, so man pestes contagiosas*) nennet, ereignen würden, so soll Hofmeister ein solches förderlich an Uns gelangen, oder da die Pest so gefährlich graſſirn wollte, daß es unsers Bescheids darüber zu erwarten zu lang fallen würde, alsdann er Hofmeister neben dem præceptore auf bequeme Veränderung des Lufts und Orts unverzüglich bedacht sein.

Weiters soll vielgedachter Hofmeister unserer Söhne Diener, Edel und Unedel, in Befehl haben, und einen jeden dahin anhalten, daß er seinem Amt ein Genüg thue, daß auch bei denselben allen in der Kammer, über Tisch, zu Feld und sonst

---

*) Ansteckende Krankheiten.

ein gute Zucht und Ordnung, auch gebührende Aufwartung gehalten werde.

Wann dann etwa bei den Jungen, so uf unsere Söhne zu warten beschieden, die Straf mit Worten nit wirken oder verfahren wollte, so soll Hofmeister die Ungehorsamen mit Vorwissen ihrer, unserer Söhne, durch den præceptorem, Kammerdiener oder Schneider gebührlicher Weise züchtigen lassen und dann darob sein, daß alle Diener ingemein sich jedes Orts, wohin sie gelangen, derselben Hofsgebräuch gemäß verhalten und sich im Wenigsten nit merken lassen, darwider zuthun oder zu leben, damit sie Gunst und guten Willen erhalten.

Es soll auch der Hofmeister ein gut Aufsehen haben, daß diejenigen, denen es befohlen, der Pferd und was deme anhängig, auch sonsten in unserer Söhne Marstall und Rüstkammer gehörig, mit Fleiß warten, auch daß ohn sein Vorwissen kein Pferd, Wehr oder dergleichen nit verkauft noch vertauscht werd, daß auch weder durch unsere Söhne noch die Diener, die seien edel oder unedel, die Gäul überritten, übersprengt oder sonst übermäßiger Weis getummelt werden, daraus Gefahr ihrer Personen, auch Roßschaden und anderer Uebelstand erfolgen mag, unsere Söhne auch nit ohne Wissen und Willen des Hofmeisters spazieren reiten oder gehen, wie in Gleichen, wann sie noch bei unserer Hofstatt allhie anwesend wären, ihnen ohne Vorwissen unsers hinterlassenen Statthalters, Hofmeisters und anderer fürnehmer Räthe dasselbig auch nit gestattet werden soll.

Es soll auch Hofmeister sammt dem præceptore, wie auch denjenigen, so darzu insonderheit verordnet, unserer Söhne Kleider, Bücher, Zeug, Rüstung und anders mehr, so ihnen zugehörig, nach einem Inventario in Gewahrsam nehmen, und solches Alles nach aller Nothdurft wohl versorgen und verwahren lassen. Wie er dann im Jahr einmal oder zwei berührtes Inventarium selbst durchsehen und es gegen den vorhandenen Sachen halten, auch daran sein soll, daß der Abgang, wann sich einiger befinden würde, wieder ergänzt und erstattet, hergegen aber, was neu gemacht oder erkauft worden, dasselbig auch fleißig hinein verzeichnet werde, daß auch von den Dienern von Arbeit nichts gemacht werde, er Hofmeister habe es dann erforderter Nothdurft nach zuvor befehlen, wie er dann auch alle und jede Zettel, was für die gemachte Arbeit oder sonsten ausgegeben werden muß, mit eignen Handen vorhin unterschreiben soll.

Gedachter unserer Söhne Kleidung soll man mit Fleiß warten, und mögen ihnen tägliche Kleider ißiger Art nach von Neuem zur Nothdurft gemacht werden. Aber der Ehrenkleider soll man ihnen keines ohn unser Vorwissen, sonderlich auf keine neue oder fremde Art machen lassen.

Unserer Söhne Hofmeister soll auch jedesmal, an was Orten oder Enden sie seien, alle Nacht in ihrer Kammer liegen, auch sonst in ihr Gemach u. Zimmer einen freien Zu- u. Abgang haben, damit dieselben in alle Fälle, was sich etwa begeben möchte, die Ihren bei sich haben und desto besser verwahrt seien.

Er Hofmeister soll auch gut Achtung geben, daß Thür und Thor bei Nacht wohl verschlossen, und sonderlich die Kammer, darin unsere Söhne liegen, auch an fremden Orten die Schlüssel zum Haus gegen Abend, wann man gesperret, ihme Hofmeister oder dem Präceptori in Verwahrung gestellt, u. dem Gesind nit vergönnet werde, bei Nachts ihres Gefallens aus- und einzulaufen. Wofern aber ein pater familias*) in einer Behausung wäre, sollte mit demselben gehandelt werden, allweg zu der Zeit, die in der oeconomia benannt, auf- und zuzuschließen. — Wie er dann auch sonsten, wann man allhie und nit in der Fremde ist, mit und neben dem Präceptore fleißig daran und darob sein solle, daß nit nur solch unserer Söhne eigen Gemach und Kammern, sondern auch insgemein die ganze

---

*) Hausvater.

fürstliche Schul*) beim Tag sowohl als bei der Nacht versperrt, und nit gestattet werde, daß Jedermann ohne Unterschied, es seien Hofdiener, Handwerks- oder andere Leute, denen es nit geziemt, ihres Gefallens hinauf und darein zu laufen sich unterstehen, sondern was einer oder der ander in bemeldter fürstlicher Schul zu verrichten, daß solches jedesmals durch die bestellte uswartende Junge, Laquaien oder andere hinauf verordnete Personen angebracht und verrichtet werde, allerhand Verdächtiges, Gefahr, Ungebühr und Ungleiches dardurch zufürkommen und abzustricken.

Ferner und dieweil ziemliche Spiel, so Kurzweil halber und etwa andern löblichen Personen zu Gefallen geschehen, nit für unfürstlich znachten, so sollen doch unsere Söhne des Spielens noch der Zeit und bei dieser ihrer Jugend soviel möglich sich enthalten, und in denselben allen Ueberfluß vermeiden, doch ihnen unverboten sein, zu geleguer Zeit des Ballenspielens und im Schach sich zuüben.

Im Spielen aber sollen sie mit Wort und Gebärden sich nit vergreifen, oder eigennutzig, ungestümm, gähzornig oder anders dann fröhlich und fürstlich erzeigen, in Ansehung, daß des Menschen Herz im Spielen sich vielfältig eröffnet und sehen läßt, und verständige Leut bei dem Umbstand allerlei daraus merken und abnehmen.

Was auch sonsten für Uebung in Ritterspielen, Reiten, Pürschen zu Holz und Feld, auch Schießen zum Ziel und andere dergleichen Exercitia mehr seind, die sollen ihnen auch zur Gelegenheit unbenommen, sondern zugelassen sein, doch soll Hofmeister jederweil auf sie gute Achtung geben lassen, daß ihnen durch die Büchsen oder in andere Weg kein Gefahr oder Unfall begegne oder zugefügt werde, sie sich auch aus Unachtsamkeit untereinander damit selbsten nit beschädigen, insonder-

---
**) Eine Abtheilung des fürstlichen Schlosses, in der die Prinzen und die ihnen beigegebenen adelichen Knaben den Unterricht erhielten.

heit aber mit und neben demjenigen, so hierauf auch insonderheit deputirt, denen uf unsere Söhne bestellten jungen Grafen, Herren und vom Adel zu Fürkommung Gefahr keine Pürschbüchsen ufs Jagen mitzunehmen, oder auch ihres Gefallens sonsten an die Wasser und an die Hölzer damit zu spazieren und zu schießen nit gestatten, sondern ein solches bei ihnen allerdings abschaffen und verhüten.

Da sie auch solchen Ritterspielen beiwohnen und sich deren gebrauchen würden, sollen sie sich zuvor iederweil durch Hofmeistern bei Uns, wessen sie sich der Kleidung und Ufwendung andern darzu gehörigen Unkostens halber im selben zuverhalten, Bescheids erholen, und sich alsdann nach erlangtem Bescheid und Verwilligung in solchen Ritterspielen dermaßen erzeigen, daß sie Lob und Ruhm davon bringen und sich nit verkleinern.

Soviel dann die Oeconomiam belangt, wann unsere Söhne nit allhie, sondern an fremden Orten wären, soll der Hofmeister in ihrem selbst und des Präceptoris Beisein alle Montag von dem, so das Geld unter Handen hat, die Wochenrechnung anhören und aufnehmen, und wo eine Uebermaß darinen befunden wurde, solche alsbalden abschaffen, auch Uns alle Quartal die von ihme selbst abgehörte und mit eigenen Handen unterschriebene Rechnung, was dasselbig Quartal und jede Wochen insonderheit aufgangen, zuschicken.

Desgleichen soll der Hofmeister daran sein und verschaffen, daß um das übrige Geld, so wir unsern Söhnen verordnen, Uns jederzeit gebührliche Rechnung geschehe, auch insgemein, daß diese und jene Posten richtig bezahlt, dafür unterschriebene Zettel oder Quittungen genommen und uns zugeschickt werden.

In Zeit aber unsere Söhne allhie verbleiben und er Hofmeister irgend an Speis oder Getrank Mangel befinden würde, soll er ein Solches an gebührenden Orten bei Zeiten bescheidenlich anbringen und um Abschaffung anhalten.

Und da sich zutrüge, daß unsere Söhne an fremden Orten zu Hochzeiten geladen oder zu Gevattern erbeten würden, soll sich der

Hofmeister erkundigen, wie sich andere gleichen Standes in deme pflegen zu halten, und sich die Gelegenheit und den Umbständen nach gemäß erzeigen. Da aber die Hochzeiten oder Kindstauf auf Papistische oder Calvinische Weis celebrirt u. gehalten werden wollten und er Hofmeister Kürz der Zeit oder anderer Ungelegenheit halber ein Solches um Bescheidserholung willen an Uns nit gelangen lassen oder doch auch dessen nit erwarten würde, soll er sich derentwegen anstatt und in unserer Söhne Namen entschuldigen und anzeigen, daß es ihme in seiner Bestallung ausdrucklich verboten, und also diejenige Leut, so die Ladschaft verrichtet, bescheidenlich wieder abweisen.

Es soll auch kein Diener, edel oder unedel, ohne unser Verwissen beurlaubt oder angenommen werden, es wäre dann Sach, daß sich einer also vergesse, daß er unter unserer Söhne Dienern nit länger zu gedulden; in deme dann der Hofmeister gebührende Bescheidenheit darüber wird zu gebrauchen wissen.

Und soll in Summa oftbemelter Hofmeister alles Anderes thun und leisten, das einem rechtgeschaffnem Hofmeister von Gott u. aller Ehrbarkeit auferlegt, u. ihme sonst von Billigkeit u. guter Gewohnheit wegen eignet, gebührt und wohl anstehet.

Insonderheit aber nachdem wir unserm geliebten ältisten Sohn, Herzog Wolfgang Wihlhelmen, auch einen eigenen und sonderbaren Hofmeister zu bestellen im Werk, soll er vom Brandt mit demselben nit allein vor seine Person recht vertrauliche unverfälschte, gute und erbauliche Correspondenz halten, sondern auch sie beede Hofmeister zusammt den Präceptoribus und also ein jeder vor sich, und sie alle insgesammt ihnen höchstes Fleißes und Ernstes angelegen sein lassen, damit auch unsere Söhne selbst und deren jedes bestellte unterschiedliche Diener, edel und unedel, mit rechter Lieb, Huld und Treu einander gemeinen*). Wie hergegen alle Aemulationes**), Mißverstand, Widerwillen

---

*) gesinnt sein.
**) Mißgunst.

und Uneinigkeit, als daraus allerhand Unheil und Unrath zu erwachsen pflegt, dies Orts gänzlich vermieden und verhütet bleiben mögen.

Uf den unverhofften Fall aber, daß je zwischen unsern Söhnen selbst, dessen wir Uns doch zu ihnen keineswegs versehen wollen, oder ihnen den beiden Hofmeistern und Präceptoribus, oder auch den andern bestellten ufwartenden Dienern einiger Mißverstand oder Widerwill ereignen und begeben würde, deme sie selbsten nit genugsam sein und denselben vernünftiglich zu schlichten und hinzulegen nit vermöchten, so soll einer und der ander Hofmeister schuldig und verbunden sein, ein Solches unverlängt an unsere Statthalter, Hofmeister, Kanzler und förnehmste Räthe, oder, wo nöthig, selbsten an Uns als den Herrn Vatern gebührlich umbständiglich zubringen und darüber Bescheids und Entscheids gewärtig sein.

Und damit solches Alles desto beständiger im Werk verrichtet werde, wiewohl wir an sein des Hofmeisters Person keinen Zweifel tragen, er werde demselbem Allem also getreulich nachsetzen, so wollen wir doch, daß er neben steifer Haltung solcher itzt angedeuteten Correspondenz mit unserer Söhne zugeordnetem Präceptori jeder Zeit von nothwendigen förfallenden Sachen conferiren, mit seinem Rath handeln und sich also vergleichen soll, damit unsern Söhnen löblich und nützlich gedient werde, und allwegen ihrer einer, sofern der ander Schwachheit oder anderer Ungelegenheit halber nit gegenwärtig sein könnte, bei unsern Söhnen bleiben und aufwarten möge, inmassen wir dann dem Präceptori in seiner Bestallung auch auferlegen und befehlen.

Und da sichs begebe, daß irgend der Präceptor oder auch die Andern, so hierzu insonderheit deputirt und verordnet, sich ihren Bestallungen ungemäß oder sonsten nit der Gebühr verhielten, soll er es ihnen bescheidenlich untersagen und sie davon abmahnen, do er aber darüber bei einem oder dem andern die Folg nicht gehaben würde, es an Uns umb fernern gebührenden Einsehens willen gelangen lassen.

Dieweil auch der mehrer Theils dieser oberzählten Puncten also beschaffen, daß sie den Präceptorem gleich mitberühren, und ihme sowohl als dem Hofmeister, außerhalb etlicher weniger Puncten, das Aufsehen auf den Marstall, und was dergleichen mehr ist, betreffend, zuverrichten befohlen sein sollen, so haben wir gemeldtem Präcepteri von dieser des Hofmeisters Bestallung, und herwiederumb dem Hofmeister von seiner des Präcepteris Bestallung Abschrift zustellen lassen*), damit sie einander desto treulicher und einiger zuspringen und das Werk verrichten helfen, darumb sie alle beede angenommen und bestellt sind.

Ob ihme Hofmeister auch in diesem seinen Befehl Eintrag beschehe, er were wer er wollte, oder er in billigen Sachen bei unsern Söhnen die Folg, und bei den Dienern die Gehorsam nit haben möchte, soll er dasselbe jeder Zeit mit Zuthun des Präcepteris unterstehen abzuwenden, oder da es nit statthaben wollte, oder auch sie alle beede der Hofmeister und Präceptor in verfallenden wichtigen Sachen, daran unsern Söhnen sonderlich gelegen, sich einer Meinung miteinander nit vergleichen würden können, alsdann solches alles und jedes an Uns bringen. Wollen wir darunter gebührenden Bescheid geben, ihme Hofmeister auch, soviel die angedeutete Folg und Gehorsamleistung belangt, aller Billigkeit nach handhaben, und so viel an Uns ist, als der Herr und Vater alle mögliche Abwendung thun.

Soviel dann die Ausgabe des Gelds betrifft, soll er Hofmeister wie auch der Präceptor und Kammerdiener in dem fleißig sein und Acht haben, daß unsere Söhne nichts Unnützliches oder Vergebenlichs ausgeben, daß auch sonsten mit dem Geld räthlich umbgangen, und dann Alles soviel möglich ufs

---

*) Bei der Verpflichtung verwahrte sich der Hofmeister gegen die Zustellung und Mittheilung seiner Bestallung an den Präceptor.

Genauest eingezogen, wie dann von einem Quartal zum andern obangeregter Maßen eine ordentliche fleißige Rechnung durch den Kammerdiener, oder wem es sonsten befohlen mag werden, gehalten und Uns dieselb verwahrlich zugeschickt werden solle, Uns darinnen haben zuersehen.

Wann dann Ausgaben fürfallen, es treff gleich an was es wolle, so soll der Hofmeister wie auch der Präceptor und Kammerdiener sich mit unsern Söhnen zuvor allweg unterreden und vergleichen, wie solche Ausgaben zu thun. In dem dann alle Gelegenheit und Umbstände anzusehen und denselben nach sich zu verhalten, doch daß in dem Allem kein Uebermaß gebraucht werde.

Neben dem Allem in Zeit unsere geliebten Söhne noch allhie sein, oder künftig von fremden Orten wieder anheims hieher gelangen wurden, soll er Hofmeister um seiner selbst mehrer Uebung und Erfahrenheit willen auch schuldig und verpflichtet sein, sich als einen Rath in unser Kanzlei bei Hof- und Ehegerichts- auch andern politischen Sachen, auch da von Nöthen und es ihme insonderheit befohlen würde, mit Selbstbegreif- und Stellung*) nothwendiger Relationen, wie auch je zu Zeiten in Verschickung**) und sonsten, soviel ohne sonderliche Verabsäumung dieses seines Hofmeisterdienstes beschehen kann und mag, gebrauchen zulassen, auch was er also in solchem seinem Dienst vor Heimligkeiten und Wichtiges sehen, hören oder erfahren würde, dasselbe keinem Menschen zuoffenbaren, sondern bis in sein Grab***) zuverschweigen, Uns und unsern Söhnen treu und hold zusein, unsern Schaden jeder Zeit zuwarnen, Frommen und Bestes zuwerben, und alles Anderes zuthun, das, wie obgemeldt, einem frommen und ehrliebenden Rath und Hofmeister zuthun gebührt, ziemt und wohl anstehet.

---

*) Berichterstattung und Referat.
**) Amtliche Commission oder Abordnung an fremde Orte.
***) Grab.

Für solchen seinen Dienst, der uf heut dato anfahet, und drei Jahr ohnaufgekündet, auch fürbher so lang währet, bis je ein Theil dem andern ein halb Jahr zuvor aufkündet, soll ihme jährliches gegeben und gereicht werden:

An Geld 100 fl.

Zwei Hoftücher vor oder uf seine Person, wie andern unsern Räthen.

Uf zwei Pferd Futter, Heu, Stroh, Nägel, Eisen und Stallung, auch auf ihne und seinen Knecht Herberg, Lager, Licht und Holz.

Suppen, Unter- und Schlaftrunk, soll er vor seine Person bei den Kammerjunkern haben.

Sein Knecht aber soll in Solchem wie andere unserer Söhne Knecht im Marstall nach Hofsgebrauch gehalten werden.

So soll sein Knecht andern unserer Söhne Knechten gleich gekleidet werden.

Und soll er vom Brandt Pferdsschaden halben wie andere Seinesgleichen nach Hofsgebrauch gehalten werden.

Wie ihme dann auch ein Jung, denselben uf seinen Kosten zuunterhalten, vergönnt sein soll, welcher gleichwohl die Kost oder Abspeisung zu Hof wie andere Seinesgleichen Jungen bei dem Gesind gehaben, so aber doch daneben auch, wann von Nöthen und es ihme befohlen würde, bei unsern Söhnen mit Ufwarten zuhelfen schuldig sein soll.

Diesem Allem also, wie obstehet, treulich und mit höchstem Fleiß nachzukommen, hat Uns mehrbenannter Wolf Philipp vom Brandt mit Treuen gelobt und einen Eid zu Gott geschworen*), vermög eines Reversbriefs, so Wir deßhalb von

---

*) Die Verpflichtung des Hofmeisters fand am 8. Juni 1598 statt. Bei derselben waren zugegen der Pfalzgraf, seine Söhne Wolfgang Wilhelm, August und Johann Friedrich, dann Thomas von Strahlenfels, Hofmeister, Dr. Georg Ludwig Frölich, Kanzler, Jacob Grübel, Pfleger zu Reichartshausen, Secretär, und Magister Caspar Heuchelin.

ihme empfangen, Alles treulich und ohne Gefährde. Deß zu Urkund haben wir unser Secret zu End dieser Bestallung ufzudrucken befohlen, und dieselbig mit eignen Handen unterschrieben. Geben zu Neuburg an der Donau den 7. Juni Anno 1598.

Philipps Ludwig,
Pfalzgraf 2c.

2. Instruktion für den Präceptor.

Uf beeder Herren Person fleißig warten, sich Vor- und Nachmittag in der Stuben bei ihnen zugebührender Zeit finden lassen.

Wann sie aufgestanden und angezogen, mit reinem frischen Brunnenwasser, das nit zu kalt und Winterszeit bei dem Ofen überschlagen sei, Händ und Mund waschen, desgleichen nach gehaltener Mahlzeit.

Daß sie alle Morgen das Haupt fleißig kämmen, und alsdann ihr Morgengebet eiferig mit ufgehobenen Handen zu Gott thun, desgleichen vor und nach Essen, auch wann sie schlafen gehen, und dies keinmal unterlassen.

Soll Acht haben, daß sie alle Buchstaben, Syllaben und Wörter fein, rein, hell und deutlich aussprechen, im Reden und Lesen Anstoßens und Uebereilens nit gewöhnen.

Soll diejenigen Schulbüchlein und exercitia*) proponirn, wie die mit des Hofmeisters und M. Wolfgangi Christmanni vorwissen und Gutachten am nützlichsten gelesen werden mögen.

Alle unnothwendige præcepta**) und Reguln umbgehen, das Nothwendig kurz und leicht docirn, alle præcepta und Reguln mit einerlei Worten fürgeben, damit sie, sonderlich Johann Friederich, ein Ding nit 2 oder 3mal mit großer Mühe vergeblich lernen dürfen, mit Augusto aber unterweilen ein

---

*) Sprachübungen.
**) Vorschriften oder Lehrmethode.

Variation gebrauchen, damit man vermerk, wie er die Sachen verstanden.

Sie zu feinen Buchstaben, lateinisch und teutsch, und einer starken leslichen Schrift wohl und recht distinguirt halten.

Nach dem profectum*) die lateinisch und teutsche Sprach eleganter zuschreiben und reden gewohnen und sich mit den zugegebenen Knaben dárin üben.

Zu gewisser Zeit und Stund essen, die Speisen rein und genugsam kocht seien, in allweg verhüten, daß sie nit schädliche oder sonst allzuharte, grobe und zuviel gewürzte Speis zu sich nehmen.

Sie auch neben den Jungen ermahnen, daß sie sich mit Ueberessen und Trinken nit beschweren.

Sich züchtiger, höflicher Gebährden und Wort befleißen, unzüchtige, schandbare, gottesläfterliche Wort, Fluchen, Schwören, und alle leichtfertige Reden und ohnhöfliche**) Gebährden meiden.

Soll nit gestatten, daß sie alsbald nach dem Bad oder sonsten in Hitze trinken, auch alle hitzige Trank, als zuviel Wein, Meth und dergleichen meiden.

Soll Acht haben, daß die Herren gebührenden Schlaf haben, Abends und Morgens zu rechter Zeit sich legen und aufstehen.

Die Schlafkammer und Gemach rein und sauber, verwahrlich und wohl versperrt gehalten werd, desgleichen die Fenster mit Gittern wohl versehen werden.

Daß die Kleider und Schlafbett durch den Kammerdiener sauber und ordentlich gehalten werden.

Auf Licht, und Winterszeit auf Feuer und Einbrennen gute Acht geben, daß nit Schaden geschehe und Maß gehalten werd.

---

*) Fortschritt.
**) unhöfliche.

Er soll sie außer den deputirten Stunden et recreationes ohne des Herrn Vatern oder Frauen Mutter Vorwissen keineswegs aus dem Schloß führen oder kommen lassen, sie auch in ihrem Zimmer nit allein verlassen.

Ihnen nit gestatten, mit einem oder 2 Jungen allein besondere Gemeinschaft zuhaben, oder sich an sonderbare Ort zubegeben.

Allenthalben gute Sorg haben, daß die Herren und zugebene commilitones*) unter einander nit Schaden nehmen.

Da sie mit Erlaubnuß ausgehen, soll er Magister an unwegsamen Orten den jungen Herrn bei der Hand führen, und sie keinen bösen gefährlichen Weg, Steg, Schnecken oder Stiegen gehen lassen.

Auch gar nit gestatten, daß sie mit gefährlichem Springen, Messern, Pfriemen, Dolchen, Büchsen und andern Waffen einander verletzen, scherzen oder umbgehen.

Dieweil aber die Jugend ein exercitium haben muß, mag er ihnen ohnschädliche Spiel, als Schachspiel, den 9 Steinziehen, uf dem Saal das Ballspielen, im Zwinger das Barr**) und sonsten ziemlich Wettlaufen zulassen.

Bisweilen nach den Mahlzeiten mit den Herren einen teutschen Psalmen singen und zum Mitsingen in der Kirch angemahnen.

Da sie zur Musik lust***), soll er sie singen lernen, doch mit præceptis und regulis musicis****) nit beschweren.

Von Zorn und Grimm und zornigen Zuschlagen abweisen und entwöhnen.

Soll ihnen wohl einbilden, daß an ihme selbst billig

---

*) Gespielen, Mitschüler.
**) Was das für ein Spiel sein sollte, konnte nicht ausfindig gemacht werden.
***) gelüstet oder Neigung haben.
****) Bestimmungen und Regeln der Tonkunst.

löblich und Gott wohlgefällig, daß hohe Personen gegen Armen, elenden, dürftigen Leuten, insonderheit ihren Unterthanen, auch getreuen und wohlverdienten Dienern sich gütig, gnädig und mild erzeigen, sondern daß auch Solches von Gott reichlich widerlegt und belohnt werde, mit biblischen und andern Historien bezeugen und die herrlichen Verheißungen im Psalterio Davidis mit ihnen oft überlesen und sie also zur Guttthätigkeit angewöhnen.

Da er in seinem Amt bei den Herren in Lehr und Zucht die schuldige Folg nit haben, sondern fürsetzlichen Unfleiß, Verdruß und Widerwillen bei ihnen spüren würde, soll er sie deswegen gebührlich und bescheidenlich züchtigen und strafen, und, da solches nit verfangen wollte, dem Herren Vater oder Frauen Mutter anzeigen.

Da ihme nach Gelegenheit der Herren Alters was weiters befohlen würde, soll er dem Allem mit Fleiß nachkommen und in solchem seinem Zucht- und Lehramt auf gedachts Hofmeisters Inspection gute Achtung haben, und mit demselben erbauliche gute Correspondenz halten.

II. Der Besuch der Universität Tübingen.

Wolfgang Philipp von Brand hatte seine Hofmeisterstelle noch nicht lange versehen, da erklärte Pfalzgraf Philipp Ludwig, daß der gemeinschaftliche Unterricht seiner Söhne August und Johann Friedrich wieder aufgehoben, die Erziehung anders geregelt, und wegen der Ungleichheit der Jahre und der Fortschritte für jeden Prinzen eine neue Ordnung gemacht werden müsse. Er forderte vom Hofmeister und Präceptor Heuchelin ein Gutachten, wie es fortan mit den beiden Prinzen zu halten sein möchte, „damit sie in ihren wohlangefangenen Studiis nützlich progrediren könnten." Dieselben erklärten sodann schriftlich, daß für August der Besuch einer Universität von großem Nutzen sein werde, u. daß für Johann Friedrich, den seine Jugend und seine Fortschritte dazu noch nicht befähigen, ein eigener Präceptor bestellt werden müsse. Pfalzgraf Philipp Ludwig war mit diesem Vorschlage einverstanden, und es wurde beschlossen, den Prinzen August sofort auf eine Universität zu schicken. Die Wahl fiel auf Tübingen. Diese Universität wurde von Herzog Eberhard I. von Würtemberg i. J. 1477 gegründet und mit vielen und großen Privilegien versehen. Nauclerus, welcher der erste Rector derselben war, Reuchlin, und mehrere andere berühmte Männer, die dort lehrten, brachten sie bald zu hohem Ansehen und verschafften ihr einen zahlreichen Besuch aus allen Gegenden Teutschlands. Schon Joachim Camerarius spendete ihr das Lob, daß sie Lehrer gehabt habe, deren Gelehrsamkeit und Wissenschaftlichkeit zur Bildung von ganz Teutschland wesentlich beigetragen. In sehr großem Ansehen stand die dortige theologische Facultät, und nicht minder die juristische, die nicht bloß von den Reichsgerichten, sondern auch von ausländischen zu Rath gezogen wurde. In religiöser Beziehung herrschte dort die streng lutherische Richtung. Dieser Umstand trug viel dazu bei, daß die Wahl Philipp Ludwigs auf Tübingen fiel.

Als Begleiter wurden dem Prinzen der Hofmeister Wolfgang Philipp v. Brand u. der Präceptor Caspar Heuchelin beigegeben. Außer denselben nahm er noch einige Junker und Jungen und die nöthige Anzahl von Dienern mit. Am 13. März 1599 erfolgte die Abreise nach Tübingen. Ueber die Reise dorthin und über den ersten Aufenthalt alldort berichtet der Hofmeister folgender Maßen:

Dieses ist viel und oftmals und bis uf diesen instehenden Monat Martium des 1599sten Jahrs berathschlagt worden, bis daß Herzog August, Pfalzgraf, Dienstags den 13 Martii von Neuburg und ich und Präceptor wohlinstruirt mitfortgeschickt worden. Da wir dann auf vielfältigs Begehrn der Gräfin zu Oetingen*) unsern Weg uf Oettingen selbigen Tags 7 Meil nehmen müssen, zu Monheim aber zu Mittag geessen. Als wir uf die Oettingische Gränitz kommen, hat uns der Graf empfangen und nach Oettingen führen lassen. Dahin wir zwischen 5 und 6 Uhr Abends kommen, seind wir von den beeden Grafen, Philipp und Eberhard Ludwig, Graf Gottfrieds Brudern und Sohn, im Hof wohl empfangen und selben Abends und andern Tags stattlich tractirt worden und Nachmittag hetzen gezogen. Graf Gottfried aber wegen des Podagra und sein Gemahlin sind nie zum Essen kommen, mein Herr aber dreimal bei dem alten Grafen gewesen.

Donnerstag den 15 Martii sind wir um 7 Uhr Morgens von Oettingen hinweg uf den Mittag nach Popfingen, dahin wir um 11 Uhr, Nachts nach Aalen, dahin wir um 5 Uhr

---

*) Barbara, Gemahlin des Grafen Gottfried von Oettingen, war eine Tochter des Pfalzgrafen Wolfgang von Zweibrücken und geboren am 27. Juli 1559.

kommen, 6 Meil gezogen. Dahin uns die Dettingischen begleitet.

Freitags den 16 früh sind wir uf Gmünden zum Mittagessen, dahin wir umb 10 Uhr kommen, Nachts nach Schorndorf, Wirtembergische Festung, Abends um 5 Uhr, 5 Meil gezogen. Es hat aber Herzog zu Wirtenberg einigen Menschen uns nit entgegengeschickt oder annehmen noch begleiten lassen, allein zu Schorndorf die Auslösung gethan.*)

Samstags umb 9 Uhr sind wir von Schorndorf uf Stutgarten 3 Meilen gezogen und umb 2 Uhr allda ankommen. Als wir nun hinter Canstadt hinaus kommen, ist uns ein Einspänniger entgegen geritten und uns den neuen Weg durch den Lustgarten hineingeführt. Ist der alte Herzog von Wirtemberg**) verborgen im Garten uf dem Alchimistenhaus***) gewesen und uns hinein ziehen sehen. Als wir in den Hof kommen und abgestanden, ist Niemand allda gewesen als der Herr von Limpurg, Landhofmeister, mit etlichen Junkern, welche meinen Herrn uf das Losament gegen der Stadt hinaus geführt. Ungefährlich um 4 Uhr ist der alt Herzog zu meinem Herrn ins Gemach kommen, ungefährlich ein halb Viertelstund bei ihme geblieben, wieder davon gegangen, sich hernach entschuldigen lassen, daß er nit zur Tafel komme. Umb 5 Uhr ist sein Dritter Sohn, ein junger und kleiner Herr von 11 Jahren†), kommen und meinen Herrn zur Tafel geführt. Hat man ziemlich wohl tractirt und stark getrunken. Nach der Tafel hat der junge Herzog meinen Herrn wieder ins Gemach begleitet.

Morgens Sonntags den 18 Martii hat man uns im

---

*) d. h. er hat für den Prinzen u. seine Begleitung die Zeche bezahlt.
**) Herzog Friedrich, geboren 19. August 1557, gestorben 29. Januar 1608.
***) Werkstätte, in der der Herzog alchymistische Experimente machte.
†) Herzog Julius Friedrich, geboren 3. Juni 1588, gestorben 21. April 1635.

Gemach gar allein gelassen, bis daß man schon in die Kirchen gewesen. Da schicket der alt Herzog zu meinem Herrn, läßt ihm sagen, daß er umb wichtiger Geschäft willen nit in die Kirchen komme, stell es meinem Herrn heim, ob er hinein wolle. Weiln aber der junge Herzog mit seiner Frau Mutter*) schon in der Kirchen gewesen, haben wir fast Bedenkens getragen, ob wir hinein sollen, weiln wir wohl greifen können, daß wir unwerthe Gäste. Doch sind wir hinach gangen. Da hat erstlich der junge Herzog meinem Herrn die ober Stell (ob es aus Geheiß oder Unverstand geschehen, weiß ich nit) nit lassen wollen. Als man sich aber gesetzet, hat er meinen Herrn obenan sitzen lassen. Ob man es ihm zuverstehen geben, weiß ich auch nit. Als man nun wieder aus der Predigt gehen sollen, ist der junge Herzog mit seiner Frau Mutter gangen, meinen Herrn allein gelassen. Ist mein Herr auch wieder in sein Losament gangen. Umb 10 Uhr hat der junge Herzog meinen Herrn wiederumb zum Essen geholt. Hat man abermal stark getrunken. Nach Essens, weiln meinem Herrn die Weil fast lang, hat man uns 2 Junker zugeben, Wallenfels und Teufeln. Die haben uns in den Lustgarten geführt, den wir besehen. Hernach ist mein Herr ein Weil ins Ballhaus gangen, und mit Samson Scheern den Ball geschlagen. Hernach wir wieder ins Schloß gangen, sich mein Herr bei der Herzogin anmelden lassen, die Salutation verricht und seinen Abschied zugleich genommen. Umb 5 Uhr hat der junge Herzog meinen Herrn wiederumb zum Essen geholt. Da man abermal wohl gezecht. Nach Essens hat der jung Herzog meinen Herrn wieder ins Gemach begleitet.

Montags den 19 Martii schicket mein Herr Hanns Adamen von Ellrichshausen zum Herzog und begehrt, seinen Abschied persönlich zu nehmen. Da ist er noch nit auf. Umb 8 Uhr bringt man die Suppen ins Gemach. Schickt mein Herr zum

---

*) Sibilla, eine Tochter des Fürsten Joachim Ernst zu Anhalt.

andernmal hin, laßt ihm der Herzog wieder sagen, er sei noch nit gar angethan*), ihme auch ein starker Fluß**) gefallen, daß er zu meinem Herrn nit kommen möge, laß ihm Glück auf die Reis wünschen, und er wolle in wenigen Tagen zu Tübingen sein und meinen Herrn ansprechen.***) Uf solches schickt mein Herr Ellrichshausen zum drittenmal zu ihm, läßt ihm vermelden, es sei unvonnöthen, daß er Wirtemberg zu meinem Herrn, sonder mein Herr woll zu ihme kommen und Urlaub von ihm nehmen. Läßt er meinem Herrn wieder sagen, er soll nur hinziehen.

Darauf sind wir alsobalden ufgestanden und um 10 Uhr weggeritten. Da hat man uns obbemeldte 2 Junkern, Wallenfels und Teufeln, die auch ufs Gemach gewartet, mit nach Tübingen zugeben. Dahin wir umb 4 Uhr Abends kommen; sollen 3 Meil sein. Nachts haben wir sie beede bei dem Essen behalten. — Aus solchem ist zu sehen, wie angenehm wir zu Stuttgarten gewesen. —

Mittwochs Abends den 21 Martii schickt Herzog Hanns Friedrich†) zu Wirtemberg aus dem collegio novo Dr. Enzlinum zu meinem Herren, läßt denselben freundlich empfangen, und sich entschuldigen, daß ers nit ehe gethan. Hab es durch den Hofmeister verrichten lassen wollen, so sei er etwas übel auf. Erbote sich zu aller Freundschaft.

Den 22 schickt mich mein Herr Morgens vor 10 Uhren wieder zu Wirtemberg ins Collegium, bedankt sich der Empfängnuß, erbeut sich hinwieder als ein naher Vetter. Da ließen sein fürstlich Gnaden mich zum Essen durch den Hofmeister berufen, hab mich aber entschuldigt.

---

*) angekleidet.
**) Katarrh, Schnuppen.
***) besuchen.
†) Der erstgeborne Sohn des Herzogs Friedrich und Stifter der Stuttgardischen Linie des Hauses Württemberg, geboren den 5. Mai 1585, gestorben 18. Juli 1628.

Den 25 Martii ist der alte Herzog zwischen 3 und 4 Uhr Abends im Schloß zu Tübingen ankommen, Montags allda stillgelegen, und Dienstags zwischen 9 und 10 Uhr Morgens wieder hinweg gezogen, niemall nach meinem Herrn fragen lassen, wie er sich wohl eines Andern zu Stuttgarten gegen meinem Herrn erbieten lassen.

Fernach am Ostermentag den 9 Aprilis hat der Herzog Johann Friederich zu Wirtemberg meinen gnädigen Fürsten und Herrn in das Collegium zum Mergenessen geladen und uf das Stattlichste tractirt, sich freundlich miteinander bekannt gemacht, nach Essen meinem Herren den ganzen Bau gewiesen, darnach in das Ballhaus geführt, bis daß man in die Abendpredigt gangen. Aus der Rüstkammer aber hat er meinem Herrn einen Carabiner, mit Perlenmutter und Farben eingelegt, verehrt.

Dienstags den 10 hat Wirtemberg meinen Herrn in den Garten geführt, denselben gewiesen und mit einander . . . .*) und hat mein gnädiger Fürst und Herr 6 fl. verspielt.

Freitags den 11 May 1569, als Valentinus Steinmetz pro gradu doctoratus publice in aula nova iuridice disputirt, sind beede Herren in die Disputation kommen, aber mein gnädiger Fürst und Herr den Vorgang, wie billig, behalten.

Bei der Abreise nach Tübingen hatte der Pfalzgraf Philipp Ludwig dem Hofmeister und Präceptor eine schriftliche Ordnung mitgegeben, wie sie die Aufsicht auf den jungen Prinzen führen, wie es mit den Studien, Leibesübungen und Vergnügungen, sowie in den Beziehungen des Prinzen zu dem jungen Herzog Johann Friedrich von Wirtemberg, sodann zu den Lehrern und Commilitonen und in anderer Weise gehalten werden soll. Diese Ordnung oder Instruction ist sehr belehrend und gibt manchen wichtigen Aufschluß über Einrichtungen und

---

*) Das diese Lücke ausfüllende Wort konnte nicht entziffert werden Dem Sinne und Zusammenhange nach muß es heißen „gespielt".

Gebräuche an den Universitäten der damaligen Zeit. Wir lassen sie hier wörtlich folgen:

Instruction,

Weß sich unser von Gottes Gnaden Philipps Ludwigen, Pfalzgrafens bei Rhein, Herzogen in Bayern, Grafen zu Veldenz und Sponheim ꝛc., freundlichen geliebten Sohns, des hochgebornen Fürsten, Herzogen Augusti, Pfalzgrafens ꝛc., den wir vermittels göttlicher Verleihung nacher Tübingen ad academiam continuandi studii causa*) zu verschicken Vorhabens, Zugeordnete, nämblich unser Lieber Getreuer Wolfgang Philipp v. Brandt ꝛc. u. M. Casparus Heuchelin, ermelts unsers Sohns bestellte Hofmeister und Präceptor, dieselb Zeit über in Allem verhalten und erzeigen sollen:

Nämblich und zuvorderst sollen sie beede hiemit ihrer zuvor von Uns habender Bestallungen gnädiglichen erinnert sein, derselben in allen einverleibten Puncten und Articuln mit besonderm angelegnem Fleiß zugeleben und nachzukommen.

Darnach sollen sie sammt und sonders bei allen Zugeordneten möglichs Fleiß darob und daran sein, daß ein Jeder seinen Befehlch und dasjenige, so ihme sein Bestallung auflegt, fleißig und getreulich, als sich gebührt, verrichte, damit also unserm geliebten Sohn zum besten gedienet und ufgewartet, dessen Frommen und Nutz gefördert und Schaden dagegen fürkommen und abgewendet werde.

Und dieweil gedachter unser Sohn von Uns ein sonderbar, auf sein selbst eigene Person gerichtet Memorial**) empfangen,

---

*) Zur Fortsetzung seiner Studien.
**) Ist leider nicht mehr aufzufinden.

wessen er sich mit Thun und Lassen zuverhalten, als wurden ihnen, dem Hofmeister und Präceptori hieneben davon gleichlautende Copie zugestellt, sich desto besser wissen darnach zu richten und daran zu sein, daß er, unser Sohn, demselbigen mit Fleiß nachkomme.

Sie sollen auch auf sein unsers Sohns Leib und Gesundheit gute Achtung geben, und da demselbigen durch Gottes Verhenknus einige Gefahr, Leibskrankheit und was dergleichen sein kann, zustehen wollte, oder sich sonsten was wichtiges zutragen würde, solches ohnverlängt*) alsbalden an Uns gelangen und ohnerholts Bescheids nicht gleich etwas eingeben lassen, es sei dann periculum in mora!**) Auf welchen ohnverhofften Fall sie dannoch mit Rath der fürnehmsten medicorum, wie auch in andern förfallenden wichtigen Sachen mit Rath und Zuthun des hochgelehrten unsers Raths und Lieben Getreuen Matthiä Enßlins zuhandlen. Auch sollen sie Aufsehens haben, daß er sich mit Obsessen oder anderer ungewöhnlicher grober und undäuiger***) Speise, Wassertrinken und dergleichen nicht überlade, daraus zufallende Krankheiten, Schwachheit und Abgang natürlicher Kräften gemeineklich entspringen.

Da sich auch nach Gottes Willen der Enden Sterbsläuf oder sonsten böse Seuchen und Krankheiten, so man **pestes contagiosas** nennet, ereignen wurden, sollen sie solches unverzüglich hieher berichten, damit der Veränderung halben zeitliche Vorsehung gethan werden möge. Inmittels aber sollen sie sich behutsam halten, die inficirte Ort und Häuser, auch Personen gänzlich meiden.

Es soll auch sonderlich Hofmeister gut Aufsehen haben, daß diejenigen, denen es befohlen, der Pferd und was dem anhängig, auch sonsten zu unsers Sohnes Marstall und Rüst-

---

*) Ohne Zögern.
**) Gefahr auf Verzug.
***) Unverdaulicher.

kammer gehörig, mit Fleiß warten, auch daß ohne ihr Vorwissen, Befelch oder Zulassen kein Pferd, Wehr oder dergleichen nicht verkauft oder vertauscht werd, daß auch weder durch ihne unsern Sohn, noch die Diener, sie seien edel oder unedel, die Gäul überritten, übersprengt oder sonsten übermäßiger Weis getummelt werden, daraus Gefahr ihrer Personen, auch Pferdsschäden und anderer Uebelstand erfolgen mag, daß auch unser Sohn alle Gelegenheit vermeide, die ihme zu Gefahr und Nachtheil gereichen könnte.

Sie sollen auch alle Nacht bei unserm Sohn in der Kammer liegen, damit er in alle Fäll, was sich etwan begeben möchte, die Seinigen bei sich haben und desto besser verwahrt sein möge. Daß auch Thür und Thor bei Nacht und sonderlich die Kammer, darin unser Sohn liegt, wohl verschlossen sei, auch die Schlüssel zum Haus gegen Abend, wann man gesperrt, dem Hofmeister in Verwahrung gestellt, und dem Gesind nicht vergönnt werde, bei Nachts ihres Gefallens auß und ein zulaufen. Wie sie dann auch keine unbekannte fremde verdächtige Personen weder bei Tag noch Nacht einlassen, beherbergen oder aufhalten sollen.

Sie sollen auch weder den Jungen noch dem andern Gesinde das Gottsläſtern, überflüssig Trinken oder auch unnöthiges Disputirn gegen Fremden, es belange gleich die Religion oder andere Sachen, wie auch das Zanken und Balgen nicht zusehen oder gestatten, sondern bei allen den Unsern gänzlich mit Ernst abschaffen und verhüten.

Es soll auch unser geliebter Sohn nicht allein für sich selbsten, wie solches seine sonderbare Ordnung vermag*) und wir ihme gänzlich zugetrauen, Gottes Wort und die Predigten, dann auch das heilige Abendmahl des Leibs und Bluts unsers Erlösers Jesu Christi fleißig besuchen, sondern auch neben ihnen dem Hofmeister und Präceptor daran sein, daß es auch von

---

*) innhält.

allen denjenigen, so wir ihme zugegeben, gleich so wohl geschehe, und dieselben die Predigten, wo immer möglich, nicht versaumen.

Wo auch einer oder mehr, wer der oder die seien, so unserm Sohn zustehen, ichtes*) sehen, vernehmen oder erführen, das ihme, auch seinen Zugeordneten zu Schaden und Gefahr kommen möchte, und daßselb nicht anzeigeten, wie doch ein Jeder Pflichten halben schuldig, deßgleichen ob einer seines Diensts nicht treulich wartete, oder kein Warnung an ihme helfen wollte, oder sich sonsten ungebührlich hielte, bei gemeinen Ordnungen nicht bleiben, sondern wider vorgeschriebene Puncten und ihre Bestallungen handleten, der oder dieselben sollen durch den Hofmeister und Präceptor mit Vorwissen unsers Sohns darumb gestraft, oder, wo noth, die Sach mit Umbständen an Uns gebracht werden.

Ferners und wiewohl ziembliche Spiel, so Kurzweil halben und etwan andern löblichen Personen zugefallen geschehen, nicht für unfürstlich zuachten, so soll doch unser Sohn dahin erinnert werden, daß er sich in große und hohe Spiel, auch mit Leuten, so fürstlicher Beiwohnung**) nicht wohl anstehen, nicht einlasse. Im Spielen aber soll er sich mit Werten und Gebährden, auch sonsten also erzeigen und verhalten, wie deßwegen in ihren Bestallungen weiters begriffen.

Sie sollen auch mit gebührendem Ernst und Fleiß darob und daran sein, daß in der Stallung bei Heu und bei Strohe, und sonsten in den Gemächern sonderlich zu Winterszeiten mit Feuer und Licht fürsichtig und gewahrsamb umbgangen werde.

Und nachdem sich Doctor Heinrich Bocer erbotten, unserm freundlichen lieben Sohn wochentlich drei Stundt privatim zu lesen und materiam practicabilem methodice***) zu

---

*) etwas.
**) Gesellschaft.
***) Den Gegenstand nach eigener Methode oder wissenschaftlich behandeln.

tractiren, so sollen sie mit ihme dahin handlen, daß er sonderlich materiam feudalem*) tractire. Wie sie dann zum öftern hieher berichten sollen, was er Dr. Boeer also privatim für ein Materie vor sich habe, und wie weit er kommen sei, auch wie es diesfalls der Herzog von Lünenburg**) oder Andere der Verehrung***) halb gehalten. Und ob wir wohl guter Hoffnung seind, es werde sich der junge Herzog zu Wirtenberg außerhalb des Collegii des Vorgangs wider alt Herkommen in publicis actibus†) nicht anmaßen, so sollen doch Hofmeister und Praeceptor deßwegen fleißige Aufacht geben, und da er sich dergleichen unterstehen wollte, den Würtenbergischen Hofmeister und Präceptor der Gebühr in der Güte erinnern, oder da es nit stattfinde, unsern Sohn keinem publico actui beiwohnen lassen, dabei der Herzog zu Wirtenberg wäre, sondern solches neben Vermeldung, wie es der junge Herzog zu Lüneburg diesfalls gehalten, alsbalden hieher berichten und sich unsers Bescheids erholen.

Sonsten aber, wann der junge Herzog von Wirtenberg in die Kirchen und lectiones zu reiten pflegt, soll unser geliebter Sohn, sonderlich zu unwitterlichen††) Zeiten, auch reiten, und Hofmeister und Präceptor neben dem zugegebenen Gesind fleißig aufwarten.

Und wie unserm freundl. lieben Sohn in seinem sonderbaren Memorial Erinnerung geschehen, daß er sich gegen dem jungen Herzogen von Wirtemberg und sonsten gegen Jedermäniglich schiedlich†††) und aller Gebühr erweisen wolle, wie wir ihme väterlich angetrauen, also sollen auch sie sich gleichergestalt aller

---

*) Lehenwesen.
**) Wahrscheinlich Herzog Georg von Lüneburg, geboren 1582, oder sein Bruder Johann, geboren 1583.
***) des Honorars für die Professoren.
†) bei besondern Gelegenheiten, wo sie öffentlich auftreten.
††) bei schlechtem Wetter.
†††) friedfertig.

Friedfertigkeit zum höchsten befleißen und Niemand zu Zwietracht oder Uneinigkeit Ursach geben. Da aber von Andern unserm Sohn oder ihnen wider Verhoffen etwas Widerwärtiges begegnete, sollen sie solches soviel möglich mit Güte ablehnen und, wo von Nöthen, fürderlich hieher berichten.

Mehr ermeldter unser lieber Sohn, wie auch sie, sein Hofmeister und Präceptor, sollen sich enthalten auf dem Wirtenbergischen, Oesterreich'schen oder andern fremden Gebiet zu hetzen, zu bürschen und andere dergleichen Sachen fürzunehmen, es sei denn daß sie sich zuvor an gebührenden Orten Bescheids erholt und dessen Erlaubniß ausgebracht haben.

Soviel dann die oeconomiam belangt, da wollen wir, daß unsers Sohns Herzogs Augusti Hofmeister und Präceptor diese ganze Reis über das Geld, so wir ihnen jeder Zeit zustellen oder schicken lassen werden, zu ihren Handen und Verwahrung nehmen. Wann dann Ausgaben fürfallen, es treffe gleich an, was es wolle, so sollen unser Hofmeister u. Präceptor mit ihme unserm Sohn allwegen unterreden und vergleichen, wie solche Ausgaben zu thun. In dem dann alle Gelegenheit und Umbstände anzusehen und denselbigen nach sich zu verhalten. Doch soll in dem durchaus kein Uebermaß gebraucht, mit dem Geld bedachtlich umbgegangen und Alles soviel möglich aufs genaueist eingezogen, und die Verzeichnussen derselben Ausgaben allweg über sechs oder acht Wochen von ihnen allerseits unterschrieben und justifizirt, zusammt den darzu gehörigen Zetteln und Quittungen, daß diese und jene Posten richtig bezahlt seien, verwahrlich überschickt werden.

Es sollen auch Hofmeister und Präceptor daran sein, daß alle Ding an Klein und Großem, was unser Sohn mit sich auf die Reis nehmen wird, noch vor dem Aufbruch allhie unterschiedlich und eigentlich inventirt, wie auch dasjenige, so hernacher aus unsers Sohns und ihrer Verordnung zur Nothdurft von Neuem gemacht oder gekauft wird, jederzeit bei Kleinem und Großem eigentlich beschrieben und aufgezeichnet werden, also das von dem Allem, es sei alt oder neu, zu seiner Zeit auch gebührende Rechnung und Antwort geschehen möge.

Und damit sie Wissens haben, was wir mit Dr. Joh. Hechman wegen der Wohnung, und dann mit Dr. Heinrich Bocer der Kost und Anders halben handlen lassen, so haben sie hiebei Copien deren mit ihnen getroffener Verding*) zu empfangen, darnach sie sich nicht allein selbsten richten, sondern auch daran sein sollen, damit denselben von beeden Doctorn ein völliges Benügen geschehe, daß auch Doctor Hechman in unsers Sohns Bestandwohnung außer deren Personen, so anieß allbereit darinnen sind, sonsten Niemands weiters einnehme, deßgleichen auch Dr. Bocer Niemands in die Kost. Weiln er aber nächstmals gebeten, ihme zu vergönnen, daß er noch einen feinen stillen vom Adel mitspeisen möchte, sollen sie Nachfrag gebrauchen und hieher berichten, wer er sei und von wannen, was sein Alter, Thun, Lassen und Verhalten, was Religion, ob er nicht zänkisch und unverträglich sei, und ob er auch auf gleiche Zahlung die Kost neben ihnen annehmen wölle.

Und dieweil Dr. Bocer verwilliget, daß wir für unsern Sohn und die, so am ersten Tisch sitzen, eignen Wein erkaufen und einlegen lassen mögen, so sollten sie daran sein, daß gute, gerechte und gesunde Wein, doch aufs genauest als sein kann, erkauft, auch in 2 Fäßlein Kräuterwein eingemacht, an ein wohlverfperrten Ort gelegt und gute Ordnung damit gehalten werde, da sie sich dann sonderlich zu erinnern, daß sie nicht Zechens und Banketirens, sondern Studirens halben nacher Tübingen verschickt worden seien. Was aber in specie den Wein auf den andern oder Nebentisch belangt, weiln Doctor Bocer auf eine jede Person die Malzeit mehr nicht gibt als ein Quart Tübinger Maß, so auf acht Person zwo Maß Tübinger, an Neuburger 3¼ Maß thuet, so soll ihnen von ihrer fürst-

---

*) Sind ebenfalls nicht mehr vorhanden.

lichen Gnaden Wein, doch daß hierzu jederzeit ein geringer Trunk erkauft werde, auf jede Malzeit noch ein Maß Neuburger gereicht werden, damit es einer Person in die andern ein halbe Maß Neuburger treffe.

Wann der junge Herzog von Wirtemberg, der dieser Zeit auch allda zu Tübingen studirt, unsern Sohn unterweiln zu Gast bitter, so mag derselb von unserm Sohn etwan nach Gelegenheit wiederumb berufen werden, doch nicht eben so oft, und daß aller unnothwendige Ueberfluß eingestellt bleibe, wie sie dann erkundigen und berichten sollen, wie es der junge Herzog von Lünenburg in dem und andern Fällen, wie auch in specie mit den Verehrungen, wann er bei Wirtenberg zu Gast geessen, gehalten habe.

Was aber geringere Personen, als die Professores, dann auch Grafen- und Herrenstands-Personen, die etwan unserm Sohn Pfalzgrafen Augusto das Geleit in sein Losament geben und auf den Dienst warten möchten, belangt, da wollen wir abermaln, daß ohnnothwendige Gastereien, dardurch die alacritas ad studia*) verhindert wird, vermieden bleiben, und über die Malzeit mehr nicht als ein Person geladen, doch das Zechen und Zutrinken allerdings abgestellt werde. Da es sich aber je nach Gelegenheit begebe, daß mehr als ein Person berufen werden müßte, sollen sie dagegen die folgende Malzeiten das Gästladen einstellen.

Da auch unser geliebter Sohn nacher Stuttgarden oder auf ein Jagen vom Herzog zu Wirtenberg geladen würde, so mag er gleichwohl, sonderlich aber in feriis, da es seiner Leibs-Gelegenheit und anderer Umständ halben füglich sein kann, erscheinen, doch daß es nicht zuoft geschehe, die Ausgaben aufs Genauest eingezogen, auch die Wiederkunft nacher Tübingen ad studia mit Fleiß befördert, und wann es die Zeit erleiden kann, solches zuvor hieher berichtet werde.

---

*) Lernbegierde.

Und wann also unser Sohn zu Gast auß*) essen wird, soll solches dem Dr. Boccr zuvor zeitlich zuwissen gethan werden, damit er sich mit dem Kochen darnach zurichten habe, wie sie dann mit ihme in der Güte dahin zuhandlen wissen, daß ihme dieselben Malzeiten an dem Kostgeld defalcirt**) werden sollen.

Ofternannte Hofmeister und Präceptor sollen auch erkundigen und berichten, ob der junge Herzog zu Lüneburg in der Zeit, als er der Orten gestudirt, in magnificum rectorem erwählt worden, und wie es sowohl mit der Gasterei zum Anfang und End seines Rectorats, als auch mit der Verehrung gegen dem Vicerectore gehalten habe. Doch soll dieß ad partem und unvermerkt habenden Befehlchs geschehen, damit es nicht etwan das Ansehen gewinne, als wollte unser Sohn selbsten nach dem Rectorat streben.

Und dieweil leichtlich zuerachten, daß man unsern Sohn bisweiln zu vernehmen Hochzeiten, Gevatterschaften und dergleichen erbitten werde, so haben sie hiebei ein Verzeichnuß, wie es auf solche Fäll mit den Verehrungen zuhalten sein möchte.***) Nichts desto weniger aber sollen sie erkundigen, wie es nicht allein der junge Herzog zu Lüneburg vor diesem, sondern auch der von Wirtemberg bisher gehalten, und sich nach Gelegenheit aller Umstände mit unserm Sohn dergleichen Verehrungen halb vereinigen, welches gleichfalls auf Almosen, Mendicanten und diejenigen, so etwa Bücher offerirn möchten, zuverstehen; da sie dann pro discretione zuhandlen und alle dergleichen Ausgaben aufs Genauest als möglich einzuziehen eingedenck sein sollen.

Soviel dann die Reiterei und das Fechten belangt, weiln dem Herzog von Wirtenberg zuwider, daß unser Sohn Pfalzgrafe Augustus die darzu bestellte Personen außerhalb des Collegii gebrauchen möge, und wir seiner Lieb deßhalben

---

*) auswärts.
**) abgezogen.
***) nicht mehr vorhanden.

kein Ungelegenheit zuverursachen begehrn, so sollen sie Nachfrag gebrauchen und Uns eheist verständigen, ob und was sonsten für dergleichen Personen und in was Belohnung zubekommen sein möchten.

Und dieweil sich Wilhelmus Aquerius erboten, mehrbemeldten unsern Sohn in französischer Sprach zuinstituirn, sollen sie erkundigen und Uns berichten, ob er in religione just sei und ob er die französisch Sprach recht pure reden und schreiben könne, auch was er seines Wandels halben sonsten für einen Beruf habe, und was er des Jahrs zur Belohnung nehmen wölle, oder was man sonsten in dergleichen Fällen zugeben pflege, auch daran sein, daß sich unser Sohn mit Lesung etlicher nützlicher Italienischer Büchlein, und dann wann sonsten Leut zur Stell wären, so dieser Sprach kundig, sich mit denselben exercire.

So soll und wird auch von unsern Landschreibern mit all denen Leuten und Dienern, so unserm Sohn zugeordnet, ihrer Besoldung halben nicht allein ordenlich abgerechnet, sondern sie auch bis jetzige gegenwärtige Zeit Reminiscere allerdings ausbezahlt. Und haben sie hiebei ein Verzeichnuß, was eines jeden mitreisenden Dieners Besoldung*) sei, zubefinden und sich mit ihrer Ausbezahlung darnach zurichten.

Und dieweil Uns der Herzog von Wirtenberg freundlich verwilliget, für unsers Sohns Pferde den Futterhabern vom Kloster Bebenhausen folgen zulassen, dergestalt, daß wir seiner Lieb denselben gen Königsbronn quatemberlich wieder erstatten wollen, so sollen sie allwegen vor der Quatember die Nothdurft von seiner Lieb Verwaltern des Bebenhäuser Hofs fordern, ihme dagegen Bekenntnuß ihres Empfangs liefern und Uns dessen jederzeit vierzehen Tag vor der Quatember berichten, damit wir unserm Kastner zu Gundelsfing wegen der Wiedererstattung nothwendigen Befelch zu rechter Zeit thuen mögen.

---

*) abgängig.

Nicht weniger sollen sie auch die unvermeidliche Nothdurft Heu, Stroh und Brennholz zu rechter Zeit, wann jedes am besten zubekommen aufs Genauest als möglich erkaufen und an verwahrte Ort legen lassen, auch bei dem Gesind daran sein, daß mit demselben allem wie auch mit den Lichtern und Windlichtern, so wir von hieraus nacher Tübingen zuverordnen bedacht, fleißig, treulich und gesparsamb umbgangen werde.

Letzlich was sonsten in andern Dingen, so hierin nicht bedacht oder begriffen, fürfallen mag, darin werden sie sich pro discretione und nach Gelegenheit der Umbstände aller Gebühr und Bescheidenheit zuverhalten wohl wissen und sonderlich ihnen unsers geliebten Sohns Person und studia mit angelegnem höchsten Fleiß und getreuer schuldiger Sorgfalt befohlen sein lassen, und diesen unsern Punkten wie auch ihren Bestallungen gehorsamblich nachkommen, wie wir ihnen dann gnädiglich angetrauen, und sein ihnen sammt und sonders mit Gnaden geneigt.*)

Nachdem Pfalzgraf August das erste Semester hindurch mit großem Eifer den Studien obgelegen, wurde er für das nächstfolgende zum Rector Magnificus der Universität erwählt. Es war nämlich damals Sitte und Gebrauch, daß Prinzen von Geblüt, die eine fremde Universität besuchten, dadurch ausgezeichnet und geehrt wurden, daß man sie zum Rector Magnificus erwählte. Zu Tübingen fand die Rectorwahl jährlich zweimal, am 1. Mai und am 18. Oktober, statt. August wurde für das letztere Semester gewählt. Es war freilich nur ein Ehrenamt, aber es erforderte doch immerhin einige Funktionen. Die eigentlichen Rectoratsgeschäfte besorgte der Prorector, damals **Dr. Johann Harprecht**. Der neue Rector Magnificus feierte seine Wahl durch ein großes Gastmahl, das er dem Prorector, den Professoren und Doctoren der

---

*) Diese Instruktion war ausgefertigt dd. Neuburg 10. März 1599.

Universität gab. Seine Mutter, die Pfalzgräfin Anna, gratulirte ihm zu dieser Ehrenstelle, und schickte ihm im Laufe des Jahres allerlei Süßigkeiten, Latwergen und Säfte, Neujahrs-Geschenke, Geld und Anderes.*)

Augusts Studien an der Universität beschränkten sich fast ausschließlich auf die Jurisprudenz, dann auf das Staats- und Lehenrecht und auf die weitere Ausbildung in den Sprachen. Er und seine Leute wohnten im Hause des Dr. Johann Hochmann, Kost und Verpflegung erhielten sie durch Dr. Heinrich Bocer, der für den Prinzen auch wöchentlich dreimal privatim las.

Mit dem jungen Herzog Johann Friedrich von Würtemberg lebte August auf freundschaftlichem Fuß. Sie luden sich gegenseitig zu Gast, beschenkten sich, spielten und vergnügten sich miteinander.

Gegen den Schluß des Jahres 1599 kündete M. Caspar Heuchelin seine Stelle als Präceptor des Prinzen auf. Der Hofmeister schrieb deshalb dem Pfalzgrafen nach Neuburg, es sei die höchste Nothdurft, daß für August wiederum ein feiner, gelehrter und eingezogener Mann zu einem Präceptor bestellt werde, „der ihn in studiis politicis zu informiren wisse, sintemal er von solchen wenig oder nichts wisse, und doch dazu große Lust und Lieb habe". Der Pfalzgraf möge selbst um eine solche Person sich umsehen, in Tübingen und namentlich unter den dortigen Stipendiariis sei schwerlich einer zufinden, da sich dieselben fast ausschließlich dem Studium der Theologie widmen. Zu Straßburg, Wittenberg oder Jena dürfte am ehesten ein wohlqualificirter Präceptor zufinden sein. Es gebe schon Leute, die Gelegenheit dieser Universität kennen; mit Hilfe derselben werde man den rechten Mann schon finden.

Der Hofmeister war in Privatangelegenheiten einigemal während des Aufenthaltes zu Tübingen an andere Orte verreist.

---

*) Siehe Beilage 1. und 2.

Während seiner Abwesenheit versah seine Stelle „mit dem Aufwarten bei den actibus publicis und mit der Inspection über den Prinzen und sein Gesinde" der im Gefolge Augusts befindliche Junker von Eschau. Als der Hofmeister einmal auf mehrere Wochen verreiste, schickte der Pfalzgraf Philipp Ludwig zu seiner Stellvertretung sogar seinen Rath und Landvogt zu Neuburg, Namens Wolf Heinrich Lemble, nach Tübingen.

Im Jahre 1600 erhielten der Hofmeister und der Präceptor von Neuburg aus plötzlich den Befehl, sich zum Abzug von Tübingen bereit zu halten, weil Herzog Otto Heinrich zu Sulzbach, Bruder des Pfalzgrafen Philipp Ludwig, den Prinzen August zu Gevatter gebeten. Sie rüsteten sich alsbald zur Abreise. Am 7. und 8. Februar 1600 hielt der Prinz den Professoren und Doctoren der Universität ein großes Gastmahl und das sogenannte Valet. Am 9. Februar erfolgte die Abreise von Tübingen und am 12. die Ankunft zu Neuburg. Der Aufenthalt zu Tübingen hatte somit 11 Monate gedauert.

III. Die Reise nach Italien.

Prinz August hörte auf der Universität Tübingen viel erzählen von den Reizen Italiens und von den wissenschaftlichen und Kunstschätzen dieses wunderbaren Landes. Es erwachte in ihm die Sehnsucht, die Herrlichkeiten desselben zu sehen. Er bat seinen Vater um die Erlaubniß zur Reise und schrieb seiner Mutter, der Herzogin Anna, sie möge seine Bitte bei dem Vater befürworten. Das geschah, und Pfalzgraf Philipp Ludwig schenkte den Bitten beider ein geneigtes Ohr. Der Hofmeister wurde aufgefordert, ein Gutachten über die Zeit der Abreise abzugeben. Derselbe schrieb von Tübingen aus an den Pfalzgrafen, die gelegenste Zeit zur Abreise sei die Charwoche oder die nächsten Tage nach den Osterfeiertagen. Werde sie länger hinaus geschoben, so nehme die Hitze überhand. Auch müsse die Reise so angestellt werden, daß man während der Hundstage still liegen und die größte Hitze vorübergehen lassen könne. — Als der Pfalzgraf Bedenken äußerte gegen die Abreise vor dem Ablauf des Rectorats, das August übernommen, antwortete der Hofmeister, er halte es für unnöthig und unbequem, daß der Prinz die ganze Zeit seines Rectorats zu Tübingen ausharre, denn dieselbe erstrecke sich zuweit in den Sommer hinein, so daß die beste Zeit zum Reisen versäumt werde. Auch sei es gar nicht nöthig, daß hohe Personen sich durch solche Ehrenämter an ihren eigenen Angelegenheiten hindern lassen. Es sei schon öfter geschehen, daß solche Personen das Rectorat vor der bestimmten Zeit aufgegeben und weggezogen. Es seien noch viele Vorbereitungen zur Reise zu machen, und August brauche neue Kleider; die alten seien alle zerrissen oder zu klein; und dann müsse man sich bezüglich der Kleider nach den Ländern richten, in die man ziehen wolle. Der alte Lakai habe seinen Abschied verlangt; es sei ein neuer aufzunehmen, ebenso ein neuer Kämmerling; der bisherige sei zum Reisen nicht zu gebrauchen; denn er sei dem Trunke ergeben und des Schreibens und Rechnens unkundig.

Pfalzgraf Philipp Ludwig verlangte aber vom Hofmeister noch ein ausführlicheres Gutachten, namentlich, wie viele Personen den Prinzen nach Italien begleiten sollen, wie hoch die Kosten der Reise sich belaufen, und welcher Weg nach und aus Italien zu nehmen sei. Daneben erklärte er, wenn die Reise vor sich gehe, so sei er, von Brand, ausersehen, als Hofmeister den Prinzen zu begleiten. Dieser lieferte das verlangte Gutachten, das sich besonders dadurch merkwürdig zeigt, daß man daraus ersieht, wie als Zweck der Reise nicht das Vergnügen, sondern das Sammeln von Erfahrungen, die Bereicherung der Kenntnisse, die weitere Ausbildung und die Fortsetzung der Studien betrachtet wurde. Der Hofmeister stützte sich bei seinem Gutachten auf die Erfahrungen und Berichte von Männern, die zum Theil als Hofmeister die Reise nach Italien gemacht hatten, auf die Reise-Rechnungen des Kämmerlings Rümmelein und auf die Beschreibungen und Mappen Italiens. Das Gutachten lautete, wie folgt:

Soviel nun Anfangs die Personen belangt, halte ich gar gnugsam, wann mein gnädiger Fürst und Herr derselben 3 oder ufs meiste vier, und nit mehr zugeben werden, als nämblich ein Hofmeister, ein stiller und eingezogener vom Adel, ein tauglicher und wohlqualifizirter Präceptor, so ein guter Historicus und Politicus wäre, welcher seine fürstliche Gnaden in bemeldten Studiis, darzu Dieselben besondern Lust und Lieb und bisher in denselben wenig, ja in studio politico gar nichts versirt, an denen Orten, da man still lieget, informiren könnte, und dann ein Person, so der Sprach und Gelegenheit erfahren, den man zu einem Spenditorn*) gebrauchen könnte und der die Rechnung führete, da dann neben dem Hofmeister

---

*) Reisemarschall.

ein Junker, Präcepter und vierte Person fleißig uf meines gnädigen Fürsten und Herrn Leib und Nothdurft achten würden. Und halte gar unrathsam u. unbequem, einen Jungen auf solche Reisen mitzunehmen, weiln sie gemeiniglich fast unfleißig, sich den Trunk übergehen lassen u. die Zung nit allmal zu regieren wissen. Insonderheit hab ich bisher an meines gnäd. Fürsten u. Herrn Jungen ebendiese Laster vielmalen gespürt und an ihnen gestraft, welches wenig bei ihnen fruchten will, wie dann euern fürstlichen Gnaden ich vor diesem unterthänigen Bericht gethan. Wann aber euer fürstlich Gnaden je gnädig wollten, daß ein Jung mitgenommen werden sollte, ist von Nöthen, daß man auf einen solchen gedenke, der tauglich und in Gehorsam zu halten und sonderlich im Land daheim. Dann wann solche etwas lernen, kann man sie allmal im Land haben und zu Nutz gebrauchen, da hingegen Fremde gemeiniglich, da sie ihnen etwas getrauen, davon ziehen und nit ein Dank vor empfangne Gnad und Wohlthaten sagen. Meines Versehens wäre Schönsteiner hierzu am bequemsten. Dann er ein frischer Jung, der zu allen löblichen adelichen Tugenden Lust, auch Uebertrinkens halber bei ihme kein Gefahr und wohl im Gehorsam zu behalten, doch euer fürstlichen Gnaden hierinnen nichts vorgeschrieben.

Soviel dann den Kosten belangt, verhoffe ich, man sollte mit einem Ziemlichen und Leidenlichem zukommen können. Dann wie ich von Hofmeister Fuchsen und Andern verstanden, so kann ein Person an Orten, da man still liegt, ein Monat vor Kost und Losament mit 10 Goldkronen ziemlich auskommen. Das thut auf 5 Personen 50 Kronen, und solche uf 6 Monat, die man wegen der exercitiorum an bequemen Orten zubringen könnte, 300 Kronen, jede zu 96 Kreuzer gerechnet, thut 6 Monat 480 fl.

Im Reisen täglich uf 1 Person 1 Kronen, thut monatlich uf 1 Person 30 Kronen, uf 5 Personen 150 Kronen, thut 240 fl., solche uf 4 Monat, so ungefährlich ufs Reisen laufen möchten, 960 fl.

Uf Kleidung, ob man sich auch schon zweimal müßte kleiden, 800 fl.

Uf Verehrung und Trankgeld 300 fl.

Schiffleuten, da man zu Wasser reisen muß, 400 fl.

Uf Postgeld, Politten, Zoll, Botenlohn, Handwerksleut, Barbierer, Wäscherin, Almosen und dergleichen 600 fl.

Gemeine Ausgaben 200 fl.

Uf Relationes, was hin und wieder am kaiserlichen, königlichen und päpstlichen Höfen tractirt wird, 160 fl. Dieses ist einem Herren ein fast gut und nützlich Werk, sintemal aus demselben viel und wichtige Sachen zutractirn erlernt werden mögen.

Uf andere löbliche exercitia: als erstlich Reiten, weiln die Ort und Personen ungleich, ungefährlich 1 Monat 25 Kronen, thut 6 Monat 150 Kronen, zu Geld 240 fl.

Fechten 1 Monat 3 Kronen, thun 6 Monat 18 Kronen, thun 28 fl. 58 kr.

Turniern 1 Monat 3 Kronen, thun 6 Monat 18 Kronen, thun 28 fl. 58 kr.

Fürschneiden*) 1 Monat 1 Kronen, thut 6 Kronen, 9 fl. 36 kr.

Tanzen 1 Monat 1 Kronen, thut 6 Kronen, 9 fl. 36 kr.

Ballonschlagen 1 Kronen, thut 6 Kronen, 9 fl. 36 kr.

Uf das Pferd zuspringen, 1 Monat 1 Silberkronen, thut 6, jede zu 84 Kreuzer, thun 8 fl. 24 kr.

Weiln auch das studium geographicum et fortificationis, wie man Festungen reißen, bauen und fortificirn solle, einem jungen Fürsten fast nutz und nothwendig zuwissen, also könnte mein gnädiger Fürst und Herr solches auch, soviel die Zeit leiden mag, erlernen. Darfür monatlich 2 Goldkronen, thun 12 Kronen, zu Geld 19 fl. 12 kr.

Dieses thut in Summa 4254 fl. 20 kr.

---

*) Vor'szen der Speisen.

Und da man im Herausziehen etliche Sachen kaufen und herausführen wollte (welches ich doch meines Theils ganz unnöthig sein halte, sonderlich aber Kleidung oder Seidenwaaren, weiln dieselben mit großem Kosten herausgeführt werden müssen und ohnedas in Teutschland zufinden) will ich noch darauf schlagen 745 fl. 40 kr., daß es in einer Summa zum Meisten uf 5000 fl. laufen möchte, mit welchem meines Verhoffens gar wohl auszukommen sein oder noch etwas erspart werden sollte.

Dieweilen aber ich deßhalb, wie obengemeldet, wenig Berichts und also nit iudicirn, noch die Kosten ästimirn kann, werden euer fürstlichen Gnaden solches besser und gewisser an den hievor geführten Rechnungen erfahren können.

Zum Dritten die Reis an ihr selbsten betreffend, wie nämblich Italia am sichersten und unvermerkt zudurchziehen, achte ich einfältig dafür, daß einiger Wechsel nirgend zubestellen, bis daß mein gnädiger Fürst und Herr zuvor hinweg, sondern man sollte ein hundert Pistolet-Kronen, welche, wie ich bericht, durch ganz Italien gangbaft, 5 oder 6 allgemach hin- und her einwechseln, die Anfangs mitzunehmen. Auch sollte man mit nichten uf Augsburg, sondern gar einen andern und ohnverdachten Weg uf Memmingen, Lindau und forthin nach beigelegter Designation*) ziehen, welche ex descriptione Italiæ Petri

---

*) Nach derselben sollte die Reise gehen: 1. nach Italien über: Memmingen, Leutkirchen, Wangen, Lindau, Chur, Thusis, Coma, Mailand, Pavia ꝛc., Tortona, Alexandria, Genova, Savona ꝛc. ꝛc., Isola, Arque, Piazenza, Cremona, Parma, Reggio, Modena, Bologna, Imola, Faenza, Ravenna ꝛc., Rimano, Montefiore, Curia, Urbino ꝛc., Pesaro, Fano, Senegallia (Sinigaglia), Ancona, St. Maria Loretto ꝛc., Macerata, Tollentino, Bellforte, Perusia (Perugia), Assissi, Spoleto ꝛc., Castelnovo, Roma, (circa Romam Albano, Pontemammola, Tivoli, Frascata, Tusculanum, Præneste, Ostia), Sermonetta, Terracina, Fundi, Mola, Caieta ꝛc., Capua, Aversa, Napoli und circa Napolim Pozzolo, Baia ꝛc.,

Planti (?) genommen, sintemal nit rathsam, sich im Hineinziehen in der Venetianer Gebiet, derselben oder andern Universitäten ufzuhalten, dieweiln alle Ding leichtlich verkundschaft werden, sondern man sollte die weitesten Reisen im Namen Gottes am ehisten verrichten. Alsdann wann man glücklich von Rom wieder zurückziehen würde, da könnte man die nächstgelegenen Ort, fürstliche Hoflager, Universitäten, ditionem Venetorum*) und Anders mehr mit guter Gelegenheit und weniger Gefahr, und also alle vornehme Ort totius Italiæ**) besehen (alldieweiln die meiste Gefahr vorüber und man allemal in wenig Tagen den deutschen Boden erlangen mag, da ja etwas Widerwärtigs, welches doch Gott mit Gnaden wolle verhüten und abwenden, sich begeben wollte.

Und ist vor allen Dingen wohl dahin zu sehen, damit Alles in guter Still gehalten werde, uf daß man desto unbekannter und sicherer diese Reis vollbringen möge, darzu der Allmächtige Glück, Heil, Segen und alle gedeihliche Wohlfahrt mit Gnaden verleihen wolle.)

Die Zeit aber fortzureisen wäre meines Erachtens am besten in der Karwochen um den 17 oder ufs längst alsobalden post ferias paschales***) um den 26 Martii, da die

---

sodann per mare tutum nach Malta, Palermo und Messina, und von da wieder zurück nach Napoli und Roma. 2. aus Italien über: Roma, Isola, Caprarola, Viterbo, Bolzona, Montefiascone, Aquapendente ꝛc. ꝛc., Buonconvento, Siena, Castelflorentino, Ullascala ꝛc., Pisa, Livorno, Lucca, Serrezano, Pistria ꝛc., Fiorenza (Florenz), Alpratellino, Fiorenzola, Pianora, Bologna, St. Gregorio, Ferrara, Mantua, Crema, Bergamo, Brescia ꝛc., Verona, Vicenza, Padua, Venetia, (Venedig) und per Gotte Castel-Istria, Castel-Muran, Palma, dann zurück nach Venetia, Mestris ꝛc. ꝛc., Trient, Innsbruck ꝛc. ꝛc.

*) das Venetianische Gebiet.
**) von ganz Italien.
***) Ostern.

Fastenzeit, in welcher man am meisten im Pabstthumb zu beichten pfleget, vorüber. Da man dann uf Metzgerkleppern*) gleich einer Post von Neuburg auf den nächsten Ort, da man wiederumb Lehenklepper oder Gutschen hätte, reiten könnte, damit desto unerkannter vom teutschen Boden zu kommen. Und könnte der Wechsel hinnach uf Mailand oder, wie ich füglicher achte, uf Genova gemachet werden, weiln es zu Mailand wegen Schärfe der Inquisition etwas unrathsam, lang zu bleiben, und mein gnädiger Fürst und Herr ohnedas eine Zeitlang sich zu Genova ufhalten werden müssen, bis sie alle Ding da ersehen und mit einer Gesellschaft weiter füglich fortkommen mögen.

Die Abreise nach Italien erfolgte aber erst im Herbste 1600. Unter den Begleitern befand sich auch der pfalzgräfliche Leibarzt Dr. Leonhard Kuhn. Die Reise ging über Augsburg und Insbruck nach Mailand, Mantua und Venedig**). Sodann wurde Rom und Neapel besucht. Hier machte August dem berühmten Physiognomen Johann Baptista della Porta einen Besuch. Kaum hatte dieser den jungen Prinzen erblickt, so rief er „der hat eine Löwenstirne; das ist ein Pfalzgraf". Von Neapel aus wurden die Thermen von Baja, Puzzuoli, der Berg Posilippo und seine Wundergrotte, die Insel Malta und Sicilien besucht und der feuerspeiende Berg Aetna bestiegen. Die Zurückreise ging über Genua und die Alpen.

Kaum ins Vaterhaus zurückgekehrt rüstete er sich zu weitern Reisen. Es wurde Holland, England, Frankreich, Piemont und die Schweiz während eines Zeitraums von 2 Jahren, und bald darauf auch Schweden bis hinauf nach Lappland bereist.

---

*) In damaliger Zeit, und schon früher, hielten die Metzger allenthalben eigene Pferde, die sie den Reisenden gegen bestimmten Lohn zur Verfügung stellten oder deren sie sich zu Courierdiensten bedienten.

**) Gack, Geschichte des Herzogthums Sulzbach, S. 211.

In Stockholm schloß er Freundschaft mit dem Sohne des Königs Karl von Schweden, dem 13 jährigen Gustav Adolph. — In diesem freundschaftlichen Verhältniße suchte August später eine Stütze gegen seinen Bruder Wolfgang Wilhelm von Neuburg und gegen den großen Churfürsten Maximilian von Bayern; dasselbe führte ihn im Jahre 1632 in das Lager der Schweden und an die Seite Gustav Adolphs.

IV. Der Hofmeister.

Aus den vorhergehenden Abschnitten haben wir die Pflichten und Obliegenheiten des Hofmeisters zur Genüge kennen gelernt. Seine Besoldung und andere Bezüge sind in denselben gleichfalls aufgeführt. Er hatte aber mehrere Einwendungen dagegen zu machen. Schon vor seiner Verpflichtung erklärte er, die Besoldung sei fast gering, er könne damit bei Weitem nicht auskommen, doch wolle er dieses Jahr damit zufrieden sein, aber nach demselben wüßte er darum nicht mehr zu dienen. Der frühere Hofmeister habe 200 fl. gehabt, und er getröste sich, daß er dieselben vom 2. Jahre an auch erhalten werde. Auch verlangte er zu wissen, ob er für raisige Schäden d. h. für Pferde, die ihm im Dienst oder in Feldzügen beschädigt würden oder zu Verlust gingen, ein bestimmtes Geld oder andere taugliche Pferde erhalten werde. Weil er nur 2 Pferde und 1 raisigen Diener hielt, bat er, daß man ihm seinen Lakai kleide, oder eine gewisse Summe dafür bezahle, und daß ihm für seinen Aufzug, der groß Geld gekostet, ein Recompens gereicht werde.

Sodann verlangte er, daß ihm Suppe, Unter- und Schlaftrunk in sein Gemach gereicht, und daß er nicht genöthigt werde, dieselben gemeinschaftlich mit den Kammerjunkern einzunehmen. Auch verwahrte er sich gleich gegen alle Eingriffe in seine Verrichtung, sei es am Hofe oder auf Reisen. In der Erfüllung seiner Pflichten müsse man ihm freie Hand lassen, und gleich bei seiner Vorstellung soll den Prinzen willige Folgsamkeit, und den Uebrigen pünktlicher Gehorsam eingebunden werden.

Wenige Wochen nach seiner Bestallung erhielt er vom Fürsten Christian zu Anhalt einen Brief, worin ihm derselbe anzeigte, Churfürst Friedrich von der Pfalz habe ihn (Hofmeister) als pfälzischen Hofgerichtsrath bestellt. Diese Stelle, mit der jedenfalls ein besseres Einkommen verknüpft war, konnte er nicht annehmen, da er durch seine Bestallung als Hofmeister auf 3 Jahre gebunden war.

Das erste Jahr seines Dienstes ging vorüber, aber die erwartete Besoldungs-Erhöhung kam nicht. Er schrieb deshalb von Tübingen aus an den Pfalzgrafen, dieser möge ihm seine Geldbezüge erhöhen. So eingezogen und sparsam er auch lebe, so brauche er doch das Doppelte dessen, was er einnehme; und dieses müsse er aus seinem eigenen Vermögen zusetzen. Denn er müsse sich zu Tübingen und allenthalben, dem Pfalzgrafen zu unterthänigen Ehren, in Kleidern u. in andern Dingen etwas mehr, als ihm lieb und angenehm, und dergestalt erzeigen und verhalten, daß es dem Pfalzgrafen und seinem Sohne zu Respect gereiche. Wenn ihn also derselbe noch länger gebrauchen wolle, so möge er ihm zu den vorigen noch andere 100 fl. zulegen. Denn viel geringere Standespersonen, die dem Pfalzgrafen an Würden und Ansehen weit nachstehen, reichen ihren Präceptoren und Andern, die nicht einmal adeligen Standes seien und bei Weitem das nicht thun dürften, was ihm obliege, viel ein Mehreres. Dessen gebe es auch zu Tübingen mehrere Beispiele, die er alle mit Namen nennen könne. Vom Hofmeister des jungen Herzogs von Würtemberg wolle er gar nicht reden; derselbe sei mit einer Bestallung versehen, bei der er nicht allein sich stattlich ausbringen*), sondern auch sogar etwas zurücklegen könne. Letzteres verlange er zwar nicht, aber die Zubuße falle ihm, als einem Armen von Adel, zu schwer.

Solche Briefe schrieb er mehrere. Aber der Pfalzgraf ließ sich nicht erweichen. Er ermahnte ihn immer zur Geduld

---

* sein Auskommen haben.

oder erinnerte ihn an seine Bestallung, die 3 Jahre unaufgekündet und unverändert bestehen soll. Er habe kein Geld und sei mit andern schweren Ausgaben vielfältig beladen.

Die Vorstellungen des Hofmeisters, daß ihm ein Merkliches auf seine Studia gegangen, und daß er während 6 Jahren in den Diensten des Pfalzgrafen und seines Bruders ein Ansehnliches zugebüßt, aber zum Zusetzen jetzt nichts mehr habe und sogar Schulden habe machen müssen zu Erkaufung täglicher nothdürftiger Kleidung und Bücher, die er von seiner Besoldung nicht zahlen könne, — sie halfen nicht viel.

Er nahm deßhalb seine Zuflucht zu einem Anlehen von 100 fl., das er sich vom Pfalzgrafen erbat, um ohne Hinterlassung von Schulden aus Tübingen abziehen zu können. Auch beschwerte er sich nebenbei, daß ihm seit einem Jahr für einen raisigen Diener*) weder Kost, noch Futter, Heu, Stroh, Nägel u. Eisen auf 2 Pferde, wie die Bestallung mit sich bringe, gereicht werden wollen. Denn der Pfalzgraf wollte nicht zugeben, daß während des Aufenthaltes zu Tübingen für den Hofmeister 2 Pferde gehalten werden. Es scheint, dieser erhielt das versprochene Ehrenkleid ebenfalls nicht pünktlich; es kommt nämlich der Fall vor, wo er den Pfalzgrafen an dasselbe erinnert.

Und nun nur noch ein paar Notizen über Wolfgang Philipp von Brand! Er war ein für seine Zeit sehr gebildeter Mann, ein tüchtiger Jurist, ein gewandter Geschäftsmann, voll Treue und Ergebenheit gegen das pfalzgräfliche Haus, und ein guter Christ. Er blieb in den Diensten des Pfalzgrafen Philipp Ludwig bis zu dessen Tod. Als Pfalzgraf August aus dem väterlichen Erbe i. J. 1615 das Herzogthum Sulzbach erhielt, erhob er in Anerkennung der geleisteten Dienste seinen ehemaligen Hofmeister zum fürstlichen Rath, zum Landrichter zu Sulzbach oder Justizminister des Herzogthums und zum Landhofmeister. Als solcher erwarb er sich um seinen Fürsten

---

*) berittener Kriegsknecht.

und dessen Herzogthum wesentliche Verdienste, namentlich in den Differenzen mit Pfalz-Neuburg u. in den unheilvollen Wirren des 30jährigen Krieges. Pfalzgraf August starb 1632. Wolfgang Philipp von Brand lebte damals auf seinem Landsassengut Kürmreuth oder, wenn die Kriegsunruhen den Aufenthalt auf dem Lande nicht gestatteten, in der Stadt Sulzbach.

Er hatte 3 Frauen. Nachdem die beiden ersten, darunter eine Reichs-Erbmarschallin von Pappenheim, und sämmtliche mit denselben erzeugte Kinder, 7 an der Zahl, gestorben waren, heirathete er in hohem Alter noch die dritte, Anna Martha, geborne Merzin von Zogenreuth, eine Wittwe. Diese Ehe blieb kinderlos. Er starb im August des Jahres 1637. In seinem Testamente verordnete er, daß sein Leichnam, zwar ohne große Pracht, doch adelich und christlich, auf 12 Meilen um die Nürnbergische Stadt Velden geführt, und in der Kirche daselbst zu seiner herzliebsten Frau Maria Anna und zu seinen drei jüngsten Söhnlein begraben werden soll.

Seine Hinterlassenschaft ist genau und vollständig inventarisirt, und in diesem Inventare auch seine Bibliothek nach den einzelnen Fächern verzeichnet. Dieselbe zeichnet sich durch einen reichen Vorrath theologischer Schriften, worunter viele Streitschriften, ganz besonders aus. Die Zeit, in der er lebte, hatte vielfach eine theologische Richtung angenommen. Die Gegensätze im Glauben u. im Kirchenthum bekämpften sich auf Leben u. Tod, u. diesem Kampfe konnte sich auch der Laie nicht entziehen. Dieser geistige Kampf, der das XVI. Jahrhundert durchtobte und die politischen und kirchlichen Fundamente Teutschlands untergrub, ward in der ersten Hälfte des folgenden Jahrhunderts als politischer, als blutiger Streit ausgekämpft und hat endlich zur Auflösung und zum vollständigen Ruin des teutschen Reiches geführt. Ein Mann von der Bildung Wolfgang Philipps von Brand war schon durch seine Stellung zum thätigen Eingreifen genöthigt, und als eifriger Anhänger der Augsburgischen Confession ließ er sich angelegen sein, von den auf die kirchlichen Streitfragen bezüglichen literarischen Erscheinungen Kunde zu erlangen und die passenden anzuschaffen. — Aber wir finden in seiner Bibliothek nicht bloß theologische, oft sehr seltene, unbekannte und mit den abentheuerlichsten Titeln ausgestattete Werke, es sind in derselben auch viele alte juristische, geschichtliche, naturwissenschaftliche und andere Bücher vorgetragen, die selbst dem Literatur-Historiker u. Antiquar mitunter unbekannt sein dürften. Dieses Bücherverzeichniß schien uns einer Mittheilung werth, nicht bloß der Seltenheit wegen, sondern auch weil es ein Streiflicht auf die Bildung und den Charakter des ehemaligen Besitzers dieser Bibliothek wirft, und weil wir durch die Publicirung desselben vielen Sachkundigen einen kleinen Gefallen zu erweisen hoffen*).

Wolfgang Philipp von Brand hinterließ ein Testament, das er schon am 26. Juli 1630 errichtet hatte. In demselben bestimmte er den größten Theil seines Vermögens zu einem Stipendium für 2 Söhne aus der Familie von Brandt, die sich zum Studiren eignen, und vom 8. Jahre an während des Besuches der Schulen und Universitäten von den Gefällen dieser Stiftung unterhalten werden sollen. Die Gesinnungen, die er dabei ausspricht, geben Zeugniß von seiner Bildung und seinem Patriotismus und zeigen ihn uns als einen Mann, den selbst die eherne Zeit, in der er lebte, in seinen humanen Grundsätzen nicht erschüttern konnte.**)

---

*) S. Beilage 3.
**) S. Beilage 4.

V. Beilagen 1 — 4.

1. Beilage.

Was wir in mütterlichen Treuen Ehrn, Liebs und Guts vermögen, allzeit zuvor! Hochgeborner Fürst, freundlicher, lieber Sohn, Euer Liebden Schreiben, den 26. Oktobris nächsthin datirt, haben wir empfangen und nicht allein daraus deroselben gute Leibsgesundheit, darbei sie auch uns, dero gnädig geliebten Herrn Vatern und Geschwistrigte, Gottlob, bisnoch wohl gefristet wissen sollen, sondern auch daß Euer Liebden dero aufgetragenen Rectorats halben gehaltenes Convivium also wohl abgangen, und daß Ihro auch die Saft und Latwergen zurecht eingeliefert worden seien, gern verstanden, wünschen Euer Liebden zu solchen erlangten Ehrnstand von Gott nochmals viel Glück und zweifeln nit, dieselb sich darinn also verhalten werden, daß sie Lob und Ruhm davon bringen mögen. Welches wir Euer Liebden antwortlich hinwider nit wollen bergen, und seien Ihro nebenst freundlicher Begrüßung mit mütterlichen Treuen wohlgeneigt und beigethan. Datum Neuburg an der Donau den 6. Novembris Anno 1599

  Von Gottes Gnaden Anna Pfalzgräfin
  bei Rhein, Herzogin in Bayrn, Gräfin
  zu Veldenz und Sponheim, geborne Herzogin zu Gülch,*) Cleve und Berg
    euer Liebden getreue Frau
    Mutter von ganzem Herzen
     Anna Pfalzgräfin.

---

*) Jülich.

Dem hochgebornen Fürsten, unserm freundlichen lieben Sohn, Herzog Augusto, Pfalzgrafen bei Rhein, Herzog in Bayrn, Grafen zu Veldenz und Sponheim.

Zu Ihrer Liebden Handen.

2. Beilage.

Was wir in mütterlichen Treuen, Ehren, Liebs und Guts vermögen, allzeit zuvor! Hochgeborner Fürst, freundlicher lieber Sohn, uns ist Euer Liebden Schreiben vom 19. hujus zurecht eingeliefert worden, dessen Inhalt wir, insonderheit derosselben gute Leibsgesundheit, dabei wir alle allhie, Gottlob, bisnoch gnädiglich erhalten werden, und dann daß sie auch unsere Schreiben sammt dabei gethanen Neuenjahrs-Verehrung und Steuer zu der goldenen Ketten zu Dero Vergnügen richtig empfangen, wohl u. gern verstanden, Thuen uns der guten Gegenanwünschung zu solchem Neuenjahr mütterlich bedanken, u. wünschen Euer Liebden nochmals von Gott dem Allmächtigen alles das, was Ihro zu Seel und Leib das Beste sein mag.

Soviel nun die bewußte weiße Federn*) belangt, deren wollen wir mit ehestem gewärtig sein, und haben dabei gern gehöret, daß Euer Liebden mit der Resolution, so derosselben der Straßburgischen Reise**) halben gegeben worden, zufrieden, wie wir dann auch mit fernerer Anmahnung und Vorbitt, die Italiänische Reise betreffend, deßwegen sich der Herr Vater bisnoch nichts Gewisses erklärt, Euer Liebden nicht vergessen wollen.

Die Neuejahrs-Verehrungen gegen Euer Lieben Hofmeister und Diener belangend, derhalben hat sich der Herr Vater in seiner Liebden sonderbaren Schreiben erklärt, welcher Erklärung

---

*) Wahrscheinlich ein Federschmuck, den der Prinz seiner Mutter zum neuen Jahr verehren wollte.

**) Es scheint, der Prinz hatte um die Erlaubniß gebeten, von Tübingen aus einen Besuch in Straßburg abstatten zu dürfen.

und dabei überschickter Designation, wie solche Verehrungen zu thun, sich Euer Liebden gemäß zu verhalten wissen werden.

Was dann die Neujahrs-Verehrung gegen dem jungen Herzogen v. Würtemberg, derhalben Euer Liebd. unser Resolution begehren, berührt, da seien wir der Meinung, weil Seine Liebden sowohl als Euer Liebden ein Student, Euer Liebden sollten sein des Herzogen von Würtenberg Liebden, da sie ermeldtes Neujahr verspielen würden,*) mit etlichen schönen Seiner Liebden annehmblichen Büchern, oder aber einer Wehr**) ungefährlich auf 8 Kronen freundlich verehren.

Welches wir Euer Liebden antwortlich hinwieder nit wollen verhalten, thuen dieselb sammt dero geliebten gnädigen Herrn Vatern u. Geschwistrigten hieneben auch freundlich grüssen und Gott zu allem Guten befehlen. Datum Neuburg an der Donau den 26 Decembris Anno 1599.

Von Gottes Gnaden Anna Pfalzgräfin
bey Rhein, Herzogin in Bayrn, Gräfin
zu Veldenz und Sponheim, geborne
Herzogin zu Gülch, Cleve und Berg.
euer Liebden allzeit getreue Frau
Mutter von Herzen
Anna Pfalzgräfin.

Dem hochgebornen Fürsten, unserm freundlichen lieben Sohn, Herrn Augusto, Pfalzgrafen bei Rhein, Herzogen in Bayrn, Grafen zu Veldenz und Sponheim.

Zu Sr. Liebden Handen.

---

*) Der Sinn dieser Stelle ist wahrscheinlich dieser: Wenn der Herzog zu Württemberg dem Prinzen das neue Jahr abgewinne d. h. diesem mit dem Neujahrswunsch zuvorkomme, so soll ihm August einige Bücher verehren. Den Sinn, daß der Herzog von Württemberg die ihm gegebenen Geschenke verspielen würde, kann die Stelle wohl nicht haben.

**) Schwert oder Dolch.

3. Beilage.

Bücher in folio.

1. Teutsche Bibel 1561 gedruckt.
2. Cosmographia Sebastiani Minsteri 1578.
3. Julii Clari receptarum sententiarum opera omnia 1596.
4. und 5. Reichsabschiede bis auf 1594.
6. Franciscus Petrartha von remediis in Glück und Unglück 1572.
7. und 8. Erster und anderer Theil des Adelsspiegels von M. Ciriaci Spangenberg 1591.
9. Summaria über die ganze Bibel Veit Dieterichs 1572.
10. Churpfälzisches Landrecht und Forstordnung 1606.
11. Chronicon D. Caspar He . . . ions 1594.
12. D. Leone belgico historica descriptione liber, authore Mich. Aitsingero Austriaco 1585.
13. Institutiones, verteutscht durch Ortolph Fuchsberger 1536.
14. Laienspiegel in bürgerlichen und peinlichen Rechten 1538.
15. Chronica von aller Welt Herkommen Christian E . . . . 1535.
16. Commentaria in 4 Evangelistas autore Jacobo Fabro Stapulensi 1523.
17. Zaumbuch Georg Engelhard Löneisens 1523.
18. Titus Livius von Römischen Historien 1533.
19. Syntagma iuris Petri Gregorii Tholosani.
20. Johannis Aventini Beschreibung des Bayerlands 1580.
21. Verneuerte Bayerische Landsordnung 1616.
22. Kirchen-Postill D. M. Luthers vom Advent bis Ostern 1567.
23. Kräuterbuch Adami Loniceri.
24. Thesaurus scholasticus Basilii Fabri 1587.
25. Tractatus de feudis Zasii, Schenks et Sonsbecy 1589.
26. Von fürstlicher Obrigkeit und Gerechtigkeit d. Nic Meurer 1561.
27. Syrach Johannis Mathesü 1598.

28. Auslegung aller Sonntags- und Fest-Evangelien M. Sebast. Artomedis 1607.
29. und 30. Corpus iuris Dionisii Gothofredi,
31. Eine sehr alte Bibel ohne Jahr und Ort, wann und wo sie gedruckt ist.
32. Disputat eines sterbenden Menschen mit dem Satan.
33. Symbolum Apostolorum.
34. Juggerisch Roß-Arztneibuch.
35. Ein alt geschrieben Lehenbuch.
36. Ein geschrieben Buch von allerlei Feuerwerk.
37. Melchiors von Oßa, churfürstlichen Hofrichters Bedenken an Herzog Augustum zu Sachsen, welcher Gestalt ein christliche Obrigkeit insgemein in ihrem Regiment vernünftige und rechtmäßige Justitiam erhalten kann. 1555.
38. Historia von Hugo Scheplern,*) einem König in Frankreich.
39. Allerhand sehr schöne Kupferstich von allerlei Gewächsen und Gewürm.
40. Allerhand Contrafacturn und Kupferstich.
41. Florilegium novum. 1611.

Libri theologici in 4to.

1. Teutsche Bibel.
2. Calvinismus, Papismus, Christianismus, D. Polycarpi Leyseri 1610.
3. Richtige Lehr von der heiligen Schrift, der churfächfischen Theologen. 1629.
4. Die rechten Gläser in die alte Brill, über den jüngst ausgegangenen Augapfel 1630.
5. Rettung D. Mart. Luthers Lehr, Ehr und guten Namens wider Sixtum Sartorium.
6. Ursachen warum das Papstthum zuverlassen, Laurentii Lölii, Pfarrern zu Onolzbach. 1614.

---

*) Hugo Capet.

7. Dr. Hoës Verantwortung wider das zu Berlin ausgepflogene Calvinische Läster-Gespräch von Gottes Wort und Gott selbsten 1614.
8. Dr. Hoës unvermeidentliche und um Gottes Ehr willen treuherzige Erinnerung an alle recht evangelische und eiferige Christen, so sich zu Berlin und in der Chur Brandenburg aufhalten. 1614.
9. Klag- und Trostpredigt über den tödtlichen Abgang weiland Herrn Philipps Ludwig, Pfalzgrafen ꝛc., zu Vohenstrauß gehalten den 25. Septembris 1614, durch Michael Böheim, Superintendent.
10. Gründliche Ableinung der Ungerstorfischen Famos- und Lästerschrift durch D. Georg Zechmann.
11. Unförmliche Augenwimper des scharpfen runden, von D. Georg Landherrn auf den Papst gerichtes Auge, artlich angezeigt durch M. Daniel Remnizium. 1630.
12. Evangelischen Augapfels Brillenputzer oder apologia Augustanæ confessionis, gründlich widerlegt durch Philipp Melanchthon. 1629.
13. Dillingischer Kälberarzt, der das Kalb ins Aug geschlagen. Erörterung der Frag, ob der Augsburgischen Confession verwandte Prediger oder die Jesuiter des heilsamen Religionsfriedens Feind, Verächter und Verstörer seind, durch ein kurzes Sendschreiben des hl. Vaters Ignatii Loiolä an seine ganze Gesellschaft. 1629.
14. Die rechten Gläser in die alte Brill, über den zujüngst ausgangenen evangelischen Augapfel verschafft und eingesetzt vermittelst 2 theologischer Tractätlein: das 1. Wider das Papstthum zu Rom vom Teufel gestift, das 2. Beweis, daß kein anderer Antichrist als der Papst zu Rom sei. Milde Zugab, daß gemeldter Papst weder im Leben noch in der Lehr vergleiche. 1630.
15. Christliche Bruderschaft, das ist ein Colloquium und Re-

ligionsgespräch des Papsts, Lutheri und Calvini, durch Friedrich Guthers. 1630.
16. 3 Christliche Leichenpredigten über den Spruch Sprach 14. Capitel.
17. 22 christliche Leichenpredigten Sebastiani Artomedis 1609.
18. Alles Fleisch verschleißt wie ein Kleid, eiusdem authoris.
19. Sebastiani Artomedis 4 Predigten vom Segen des Herrn und FriedWunsch 1603.
20. 8 Predigten vom heiligen Abendmahl 1609.
21. 12 Predigten vom Leiden und Sterben Jesu Christi, Sebastiani Artomedis. 1608.
22. Acht Hexenpredigten David Mederi 1605.
23. Landtagspredigt, zu Tergau gehalten durch D. Polycarp Leyserum 1605.
24. Rathswahlpredigt, zu Gleichen gehalten durch Martin Hammer 1604.
25. Predigt vom hl. Sakrament der Tauf, von D. Georg Millern zu Wittenberg den 19. Januar 1592 gehalten.
26. D. Georg Millers zu Wittenberg christliche Predigt vom hl. Abendmahl den 16. Januar 1592 gehalten. Desselben Predigt von der göttlichen Vorsehung und Gnadenwahl den 26. Januar 1592. Desselben 2 Predigten von der Person Christi, den 9. und 16. Februar 1592 gehalten, desselben Predigt von der Gedächtniß Lutheri. Desselben christliche Predigt, am Sonntag Lätare in der Schloßkirche zu Wittenberg gehalten, als der Administrator Friedrich Wilhelm die Huldigung eingenommen, 1592. Desselben 2 Predigten vom Ursprung, Anfang und folgendem Wachsen des Päpstischen Stuhls zu Rom, zu Augsburg gehalten 1584.
27. Ursachen, warum christliche Obrigkeit und Gemeind die Sacramentirerische Lehr und Lehrer nicht dulden sollen, durch Dr. Johann Wigand, Bischofen zu Pomezan, 1583.
28. Leichpredigt bei Begräbniß der Dorothea von Brand, zum

Pleistein gehalten durch Michael Böhem, Pfarrer zu Moſ-pach, 1590.
29. Miracula Augustanæ Confessionis oder Wunderwerk der Augsburgiſchen Confeſſion, M. Johann. Sauberti 1631.
30. M. Joann. Sauberti Cassander evangelicus, das iſt, diejenige Puncten, worin der fürnehme und bei den Katho-liſchen weitberühmte Mann Georgius Caſſander die Augs-burgiſche Confeſſion mit gutem Grund gebilliget.
31. Vom Reich Chriſti Dr. Phil. Nicolai.
32. Hauptſtritt-Artikel: 1. Von der hl. Tauf. 2. hl. Abend-mahl. 3. Perſon Chriſti. 4. Ewigen Gnadenwahl. 5. Recht-fertigung eines armen Sünders. 6. Von der wahren Kirch wider der Päpſtler Aberglauben, Photinianer oder neuern Arrianer, Wiedertaufer und Calvinianer Unglauben. M. Jac. Reineccius, Pfarrer zu Hamburg, 1612.
33. Der Calviniſten Anfang, Lauf, Ausgang. M. Jac. Rei-neccius.
34. M. Jac. Reineccii drei Streitfragen: 1. Ob die Römiſch Kirch abgefallen und zu welcher Zeit? 2. Ob im Pabſt-thum ein wahre Kirch geweſen, und welche. 3. Ob Lutherus einen rechtmäßigen Beruf gehabt, die Päbſtiſche Kirch zu reformiren, und woher derſelbige? 1612.
35. Sieben chriſtliche Predigten wider die Calviniſten, durch Daniel Hännichen, churſächſiſchen Hofprediger. 1614.
36. Nothwendige Vertheidigung des Augapfels durch die chur-ſächſiſche Theologen. 1629.
37. Examen und Inquiſition der Papiſten und Jeſuiter.
38. Päpſtiſcher Triumph, darin die erdichte Succeſſion und Einhelligkeit der Papiſten und Jeſuiten ans Licht geſetzt wird, durch Maximilian Philon von Trier 1607.
39. Catechismus-Predigten Seb. Artomedis 1609.
40. Abriß und Muſter des trefflichen Kleinods, ſo die Jeſui-ter im Colloquio zu Durlach erhalten, durch Lucam Oſi-ander. 1614.

41. Anticotton, kurze u. gegründete Widerlegung des Cottons Erklärungs-Schreibens, darinnen erwiesen wird, daß die Jesuiter an des Königs Mordthat Henrici 4. Ursacher sein. 1610.
42. Warnung an alle christliche Potentaten und Obrigkeit wider des Pabsts und seiner Jesuiten hochgefährliche Lehr und Practicen.
43. Bericht, welchermassen Pabst Sixt 6. die neue Augsburgische Bruderschaft des hl. Bergs Anbax mit Gnad und Ablaß bedacht, gestellt durch M. Wilhelm Haldern, Stiftspredigern in Stutgarten 1588.
44. Ein schöner wohlriechender Rosenkranz, zusammengebunden aus dem übertrefflichen Buch der Franziskaner Münch llbro conformitatum, durch Dr. Lucam Osiander. 1591.
45. Christliche Leichpredigt von der gottseligen christglaubigen Erlösung von allem Uebel. 1610.
46. Naumburgisch Fried- und Freudenport in der chur- und fürstlichen Zusammenkunft in zwo Predigten, gehalten durch Matthiam Hoe. 1614.
47. Gedenk- und Erinnerungspredigten von dem grausamen Gewitter zu Thyringen anno 1613, gehalten zu Jena von D. Joann. Maiore.
48. D. Hoë Predigt bei dem Convent zu Leipzig den 10. Februar 1631.
49. Dr Hoë Leipzigische Schlußpredigt und Refutation eines Lästerers seiner Conventspredigt.
50. Der geistlich Vorbehalt. 1630.
51. 33 Predigten von den fürnehmsten Spaltungen in der christl. Religion, so sich zwischen den Päbstischen, Lutherischen, Zwinglischen, Schwenkfeldern und Wiedertaufern halten.
52. Jacobi Andreä Predigt vom Abendmahl.
53. Pfalzgraf Ott Heinrichs Kirchenordnung.
54. D. Andreä Musculi Betbuch.

55. Nothwendiger Bericht von der Calvinischen Visitation in der Churpfalz.
56. Kirchenkalender Caspar Goldschmieds.
57. Leben und Wandel Lutheri, durch D. Mathesium beschrieben.
58. Jesuiter-Spiegel durch Phil. Hailbrunnern.
59. Caspar Melisandri Beicht- und Betbuch.
60. Leichpredigt Wolf Philipp von Brands erster Frauen Susanna seel., gehalten zu Sulzbach den 14. Juni 1618 durch Herrn Johann Braun.
61. Stets währendes Hauskreuz Wolfgang Philippsen von Brand in 9 unterschiedlichen Leichenpredigten.
62. Andächtige Gebet in allerlei geist- und leiblichen Nöthen täglich zu gebrauchen.
63. Zehn unterschiedliche in Sammt und sonst gebundene fürstliche Leichenpredigten.
64. Ein Buch in schön Sammt von lauter weißem Pergament.
65. Stadt Amberg Gesatzbuch in geschrieben Pergament.
66. Summari über die Epistel und Evangelia Andreä Pancratii.
67. Postill Molleri.
68. gründlicher Bericht, ob Domherrn und ihre Adjuncten in einem gottwohlgefälligen Stand sitzen., durch M. Friederich Peters 1629.
69. Hasenteufel durch D. Andr. Musculus 1630.

Libri theologici in octavo.

1. Grundfest von der Person Christi. Phil. Nicolai. 1604.
2. Lutherthum, Papsthum, Dr. Andr. Posleri. 1630.
3. Papstsheiligthumkorb.
4. Bienenkorb. 1608.
5. Nobile vincendi genus, 9 Predigten von der Geduld, M. Johann Mannich. 1625,
6. Eines seeligen Menschen dreifacher Schatz, M. Balth. Weisneri. 1624.
7. Lutherisch Frankenthal D. Andr. Kesleri.

8. Das höllische Sodoma Dr. Joann. **Mathesii Meiford.** 1630.
9. Christlich zu leben und seelig zu sterben **Martini Molleri** 1593.
10. Paradiesgärtlein, D. Johann Arnd, 1621.
11. Daß Christi Leib u. Blut im Abendmahl wahrhaftig mit dem Mund empfangen werde. Sigismund v.Schlichtig 1591.
12. Dr. Leonh. Hutteri eigentliche Entdeckung und Widerlegung etlicher Calvinischer politischer Rathschläg. 1613.
13. Deßelben christlich und nothwendiger Bericht von den fürnehmsten politischen Hauptgründen, durch welche man die Calvinisten in die Chur Brandenburg einzuführen sich bemühet. 1614.
14. Christlicher in Gottes Wort wohlgegründeter Bericht 1. von der Person Christi, 2. von der hl. Tauf, 3. vom hochwürdigen Abendmahl 4. von der ewigen Gnadenwahl, Balth. Menzeri. 1614.
15. Summarischer Auszug contra die Calvinisten, D. Johann Sigwands.
16. Kurzer Bericht von der Calvinisten Gott und ihrer Religion. D. Phi. Nicolai.
17. Einfaltiger Bericht aus Gottes Wort, ob das hl. Abendmahl mehr mit denen in den Lutherischen Kirchen gebräuchlichen, oder mit den neuerlich eingeführten Ceremonien zu halten, durch M. Sigism. Evenium. 1615.
18. Kurzer Bericht von der Calvinisten Gott, Dr. Phil. Nicolai. 1597.
19. D. Phil. Nicolai Spiegel des bösen Geistes, der sich in den Calvinischen Büchern reget. 1599.
20. Kurzer Inhalt christlicher Lehre, davon einem Christen zu seiner Seelen Seeligkeit zu wissen vonnöthen, D. Nicol. Hunnii. 1628.
21. Der Wagen Simeonis, formirt und gebildet aus dem schö-

nen Sprüchlein: „Herr nun läßſt du deinen Diener im Frieden fahren." M. Joan. Sauberti. 1629.
22. Ausklopfung des von Georg Scherern, Jeſuiten, zuſammengeflickten Lutheriſchen Bettlermantels, D. Jacob Herbrand.
23. Bedenken an die königl. Majeſtät in Frankreich über der Jeſuiten geſuchte Ausſöhnung. 1602.
24. Die Hauptarticul chriſtlichen Glaubens wider den Pabſt.
25. Bekanntnuß des Glaubens von rechter und falſcher Kirchen, worbei jedliche zu erkennen ſey.
26. Drei Hauptſymbole des chriſtlichen Glaubens. D. M. L.
27. Evangeliſches Handbüchlein, ſechſte Edition, D. Matth. Hoe. 1615.
28. Das neue Teſtament. 1578.
29. Postilla Joan. Matthesii. 1531.
30. Betbüchlein und Paſſional, D. M. L.
31. Sonntags-Evangelia geſangweis, Nicolai Hermanni 1569.
32. Schöne andächtige Gebet, aus den hl. Altvätern zuſammengetragen durch D. Mart. Mollerum.
33. 766 geiſtliche Pſalmen und Lieder 1607.
34. Vom Zorn und der Güte Gottes, Caſp. Hu . . . .
35. Kreuzbüchlein und 24 Urſachen, warum die reine Lehre des Evangelii ohne Kreuz und Leiden nit ſein ſolle, durch Caſp. Sarcerium.
36. Pſalter David mit den Summarien oder Auslegung D. Chriſt. Carnerii 1576.
37. Sonntags-Evangelia geſangsweis Nicolai Hermanni. 1581.
38. Chriſtliches Gebetbuch durch S. Lud. Rabus 1594.
39. Augsburgiſche Confeſſion und Apologia. 1561.
40. Der Chriſten Luſtgarten, Nicolai Henrici, Pfarrers zu Virthal 1562.
41. Summaria chriſtlicher Lehr für das junge Volk aus den Sontags-Evangelien Veit Dietrichs 1582.

42. Geistliche Arztnei für die Christen, so die Anfechtung und geistliche Trübsal haben, d. Hieronymus Wellers 1564,
43. Passio unsers Herrn Jesu Christi.
44. Donner- und Wetterbüchlein M. Bernhard Albrecht. 1622.
45. Catechismus Lutheri, lateinisch und teutsch, 1584.
46. Treue Warnung für dem Heydelbergischen Calv. Catechismo d. Tillman. Heßhusii. 1564.
47. D. Hoe gründlicher Beweis der Calvinischen gotteslästerlichen Lehren. 1614.
48. Der Weg zum ewigen Leben D. M. L. und Joh. Brentii.
49. Antwort und Abfertigung der Frag und Antwort: 1. Vom hochwürdigen Sacrament des Altars 2. vom Fegfeuer und Todtenhilf 3. von der abgestorbenen Heiligen Fürbitt und Anrufung, so Georg Scherer, Jesuit, aus Lutheri und andern Schriften zusammengezogen. D. Jacob Herbrand 1588.
50. Wessen sich ein Christ trösten soll, wann ihm sein liebster Ehegatt abstirbt D. Andr. Osiander 1599.
51 Kurze Beschreibung Christi und des Antichrists 1563.
52. Seelenarztnei für Gesunde und Kranke UrbaniRegii 1589.
53. Betbüchlein durch Johann Aldenberger. 1611.
54. Von christlicher Haushaltung Justi Moenii. 1569.
55. Päpstischer Wetterhahn 1585.
56. Betglöcklein Gottfried Buchholzers.
57 Martini Molleri Büchlein, christlich zu leben und seelig zu sterben.

Teutsche theologische Bücher in 12mo und kleiner.

1. Catechismus practicus, wie sich ein Christ bei jedem Stuck mit Danksagung, Beicht und Gebet täglich üben kann M. Georg Horn 1629.
2. Gründlicher und deutlicher Beweis, was von der Calvinisten gotteslästerlichen Lehr in ihren Schriften zu finden. D. Hoe 1614.
3. Widerlegung der Päpstischen Kraftzettlein Laurentii Lölii 1630.

4. Gespräch über die Gewissensfrage: Wann wiltu catholisch werden?
5. Ferner Gespräch über die Gewissenfrag: Wiltu du dich noch nit accommodiren? 1630.
6. Mißbrauch des Spruchs Pauli 1. Cor. 8. v. 6. Wir haben doch Alle nur einen Gott.
7. Unterricht und Trostschrift an die hochbetrübte evangelische Bürgerschaft zu Augsburg M. Johann Konrad Göbelii 1630.
8. Passionalgärtlein und Uebung geistlicher Andachten aus der Passion unsers Herrn Jesu Christi durch Teoph. Waremundum 1625.
9. Katholische Antwort auf die ketzerische Frag der Jesuiten, wo die wahre Religion und Kirch vor Lutheri Zeiten gewesen D. Balth. Meisner.
10. Ein fürstlich und christlich Rosenkränzlein, D. Johann Stumpf 1628.
11. Concordienbüchlein, Schmalkaldische Artikul, Kirchenchronika, M. Johann Kromair 1625.
12. 31 Kriegsfragen von dem jetzigen erbärmlichen Krieg in Teutschland, durch D. Jacobum Fabricium 1631.
13. Gespräch über einen vom Evangelio Abgefallenen, welcher sagt: „Nun bin ich einmal katholisch worden" 1631.
14. Scriptura loquens, das ist, der hl. Schrift klare Antwort auf die Religionsfrag: „Wo stehets geschrieben?" Laurentii Lölii 1629.
15. Lehr und Trostschrift für die religionshalben Bedrangte. D. Jac. Heilbrunner 1618.
16. Patientia christiana, ausführlicher Tractat von Persecution der Kirchen Christi, D. Andreas Keßler 1630.
17. Geistliche Andachten D. Johann Gerhard, ins Teutsch versetzt durch M. Fabian Vogel 1613.
18. Beicht- Lehr- Trost- und Betbüchlein für einfältige Christen, durch D. Luc. Osiandrum 1606,

19. Criterium fidei wider die Calvinisten 1618.
20. Friedengebot an die reformirten Kirchen 1619.
21. Bericht auf die Frag, ob ein evangelischer Christ auf Begehren und Noth weltlicher Obrigkeit mit gutem Gewissen päpstisch werden könne? D. Theodor Thunim 1628.
22. Georgii Rostii 29 nöthige Fragen, allen Katholischen jetziger Zeit sehr nöthig zu wissen.
23. Eiusdem wichtige Frag und richtige Antwort.
24. Grundfest katholischer Wahrheit, umgestossen oder gegenbericht aus Gottes Wort durch M. Johann Boltsuccum 1630.
25. Handbüchlein strittiger Religionspunkten zwischen den Evangelischen und Päpstischen M. Lucæ Osiandri 1608.
26. Collatio oder Gegeneinanderhaltung der Augsburgischen Confession und Calvinischen Lehr und Glaubens. Balth. Menzer D. 1613.
27. Prudentia christiana oder treuherzige Anweisung, wie sich fromme evangelische Christen bey diesem betrübten Zustand verhalten sollen, durch D. Andr. Keßlern 1629.
28. Handbüchlein von den fürnehmsten Hauptpuncten christlicher Lehr, durch Johann Georg Sigward 1621.
29. Gründliche und bescheidenliche Antwort auf das papistische Büchlein, dessen Titel „Morgenstern", durch D. Johann Herzerd 1629.
30. Gründlicher Bericht von Empfahung des hl. Abendmahls des Herrn, gestellt durch M. Eucharium Cantharum 1619.
31. Vademecum, das ist, geistliches Hand- und Reisbüchlein d. Caspar Finkh 1629.
32. Horæ canonicæ, tägliche und stündliche Uebung der Gottseeligkeit, d. Caspar Finkh. 1629.
33. Basis fidei, das ist der unbewegliche Grund evangelischer Lehr, dann Kraftzeltlein der Römischen Lehr entgegengestellt, durch Laur. Loellum. 1628.

34. **Eiusdem** die Lehr vom hl. Abendmahl.
35. **Eiusdem** vom einigen alten katholischen Glauben der hl. christlichen Kirchen, Römisch und evangelische Bekanntnuß.
36. **Stimuli constantiæ**: Ihr Brüder und Schwestern in Christo, haltet fest im Glauben. Daniel Schwandner. Hängt am End: 3 Nützliche Fragen von der Kirch Gottes und dem hl. Abendmahl, beantwortet durch Laur. Lölium. 1627.
37. Einfaltige Glaubensbekanntnuß eines gemeinen evangelischen Christen, der kein Theologus ist.
38. **Devotio domestica** oder Hauskirchlein, colligirt durch M. Joh. Cörbern 1629.
39. **Clavis linguarii**, Schlüssel dem Jesuiten Gebhard Ratzenrieth zur Eröffnung des Landes, damit er sich selbsten die Zung verschlossen, durch Laur. Lölium.
40. Offenbarer Beweis, daß D. Martin Luther zu des Papsts Reformation rechtmäßig von Gott berufen sei, durch D. Nicol. Hunnium 1629.
41. **Eiusdem** gründlicher Bericht aus Gottes Wort, aus welchem ein gutherziger Leser von der Römischen und evangelischen Kirchen urtheilen kann. 1630.
42. Trauren über Trauren, und Trost über Trost, sehr dienlich auf alle Zeiten, sonderlich bey jetziger Noth der ganzen Christenheit, 1628.
43. Das 53 Capitel Esaiä, erklärt durch Hieron. Weller.
44. Gebet, so in königl. Majestät zu Schweden Kriegsheer fürgebetet worden, colligirt durch Jac. Fabricium Dr. und königl. Majestät Hofpredigern. 1632.
45. Himmelspfeil, damit bedrangte bußfertige evangelische Christen den Himmel stürmen mögen, in 20 Gebeten, zu den jetzo angestellten evangelischen Betstunden zusammengefaßt, Nürnberg 1631.
46. Gesangbüchlein geistlicher Psalmen und Lieder 1561.

47. Ein christliches und gar schönes Betbüchlein, zusammengetragen und verbessert 1611., ist mit silbernen Clausuren.
48. Geistliche Lieder D. M. Lutheri 1580.
49. Brunn des Lebens und Quellen rechtes wahrhaftiges Wassers für die angefochtene betrübte Herzen.
50. Kreuzbüchlein, darin die Ursachen, warum die reine Lehr des Evangelii und alle fromme Christen ohne Kreuz nicht sein mögen, Erasmi Sarcerii 1551.
51. Andächtige Gebet und Gesäng, 1612.
52. Erneuerte Herzenseufzer, darin Zeitgebetlein auf die bevorstehende betrübte Kriegs- und Sterbszeiten gerichtet, durch Josuam Stegman Dr. 1633.

Lateinische libri theologici in 4to, 8vo et 12mo.
1. Biblia sacra.
2. Libri theologici sive compendium theologicum D. Matth. Hafenrefferi.
3. 4. Postilla super evangelia, Joach. a Beust.
5. Harmonia totius scripturæ Mich. Waltheri 1627.
6. De potestate papæ in reges et principes sæculares.
7. Silvulæ precationum ex Joan. Gersonis scriptis collectae per Joan. Juglerum pastorem Sulzbacensem 1603.
8. Synopsis locorum theologicorum Matth. Hafenrefferi.
9. Enchiridion consolatorium morti ac tentationibus in agone mortis opponendum, collectum a D. Joan. Gerhardo 1611.
10. Aphorismi succincti et selecti in 23 capitibus totius theologiæ nucleum continentes, a Joan. Gerhardo D. 1611.
11. Exercitium pietatis quotidianum D. Joan. Gerhardi. 1613.
12. Psalterium Davidis. 1577.

Libri juridici in 4to.

1. Tractatus de processu iudiciario. D. Joan. Harprechti. 1596.
2. Ausführliche Fundamenta und Erklärung von dem Prälation- oder Vorzugrechten, Joan. Michael Beuter Dr. 1598.
3. Von des heil. Römischen Reichs der churfürstlichen Pfalz zustehendem Vicariat kurzer Bericht. 1614.
4. Kurzes Gegenbedenken von der churfürstlichen Pfalz Vikariats Gerechtigkeit 1614.
5. Rettung des churpfälzischen Vicariats. 1615. Wohlgegründte Widerlegung.
6. Vermeinte Heidlbergische Rettung des churpfälzischen Vicariats. 1615.
7. De sacri Romani imperii septemviratu commentarius a Christoph. Gerroldo. 1616.
8. Joan. Schneideri epitome in ius feudorum.
9. Practica und Prozeß der Gerichtsläufte d. Chilian Königs.
10. Observationes camerales Joachimi Mynsingeri.
11. Thomæ Michaelis D. conclusiones iuridicæ de iurisdictione.
12. Andreæ Knichen quaestio, utrum libræ civitates sacri Romani imperii iura principis in suis rebus politicis obtineant. 1607.
13. Controversiæ de tutela et administratione synopsis, D. Zachariæ Fridenreich. 1613.
14. Andr. Knichen de sublimi et regio territorii jure.
15. Julii Pflugii de ordinanda republica Germaniæ. 1612.
16. Tractatus de jure connubiorum et dotium, Joach. a Beust.
17. Commentarius in tit. instit. de nuptiis, a Conrado Mausero, 1592.
18. Controversiæ juris feudalis, Joan. Nicelli 1594.
19—21. Hartmanni Pistoris in Seuselig quæstionum juris lib. 1 et 2, lib. 2 pars posterior, 1584.

Libri juridici in 8vo.

22. De sagarum natura et postestate, deque his recte recognoscendis et puniendis physiologia, Guilielmi Adolphi Scribonii, 1583.
23. Casuum episcopo reservatorum, autore D. Lelio Zecco, 1588.
24. Davidis Chſraci oratio de statu ecclesiarum hoc tempore in Græcia, Asia et Boemia. 1583.
25. Oratio funebris de divo Maximiliano 2. imperatore a Joanne Cratone scripta, 1577.
26. Vdalricus Zasius et Joann. Borcholz de feudis 1591.
27. Francisci Hottomanni commendatio de feudis, 1574.
28. Matthäus Wesenbeccius de feudis 1584.
29. Analysis juris feudalis Liborii.
30. De renuntiandi recepto more modoque succincta tractatio per Henricum Breulæum. 1593.
31. Eiusdem de militia duplici togata et armata, 1593.
32. Loci legales vive topica Nicolai Everhardi, 1581.
33—35. Practicarum observationum lib. 1 et 2, de pace publica et proscriptis sive bannitis imperii, lib. 2, de pignorationibus lib. 1, andr. Gail. 1586.
36. Jurisprudentia Romana Herman. Vultei, 1590.
37. Valentini Volzii commentarii duo de Inquisitione, 2. de sicariis notis illustratus per D. Georg. Adelbert. Burchardum, 1620.
38. Loci communes utriusque Iuris, 1567.
39. Tractatus de finibus regundis civitatum, Hieronymi de Monte.
40. Allegationes celeberrimorum Juristarum (?) in materia confinium.
41. De gradibus tractatus de matrimonio et successionibus ab intestato, Joan. Borcholden, 1589.
42. Differentiarium juris civilis et Sax. libri duo.

Libri politici, philosophici et historici
in 4to, 8vo et 12mo.

1. Spiegel des Humors großer Potentaten an Herrn Friederich Pfalzgrafen den 2. durch Hubert. Thomam Leodium 1628.
2. Scipionis Amirati dissertationes politicæ sive discursus in Cornelium Tacitum de regis et regni institutione lib. 3. 1609.
3. Justi Lipsii politicorum lib. 6, de una religione liber, 1610.
4. Petri Gregorii Tholosani de republica lib. 6. 1609.
5. Calendarium historicum Pauli Eberi 1582.
6. Joannis Basilidis Großfürsten in der Moscaw unerhörte Tyrannei. 1589.
7. Calendarium œconomicum et perpetuum für die Hauswirth, Johann Coleri 1595.
8. Arzneibuch Oswald Gabelkovers, Würzburgischen Medici, 1595.
9. Ausführliche Beschreibung des ganzen Hirschen, author. Joan. Georg. Agricola med.
10. Ein Kochbuch.

Libri politici, philosophici et historici
in 8vo.

11. Georg Schönborner politicorum lib. 7. 1610.
12. Syntaxeon artis mirabilis lib. 40. Petri Gregorii Tholosani. 1602.
13. 14. Historia Gallica Thuani 1577.
15. P. Bertii tabularum Geographicarum lib. V.
16. Consultatio de principatu inter provincias Europæ, Thomæ Lansii 1626.
17. Rei rusticæ lib. 4. Conradi Heresbachii 1594.
18. Diarium historicum Joan. Schmidt.
19. Rechenbuch Simon Jacobs 1599.
20. Magia naturalis, das ist Kunst- und Wunderbuch, Wolfgang Hildebrand 1610.

21. Hofschul Antonii de Guevara, 1600.
22. Arzneibüchlein C. Apolinaris 1578.
23. Politische Schatzkammer Joan. a Chakier.
24. Roßarznei-Buch 1599.
25. Geheime magische, natürliche und Schreibkunst, durch Johann Herculem Deiunde. Dan. Schwender.
26. Pontagniel (sic) 1590.
27. Henrici Cornelii Agrippæ de vanitate scientiarum 1531.
28. Traumbuch in 4 Bücher getheilt.
29. Der jungen Knaben Spiegel.
30. De civili conservatione libri 4. Stephani Guazzii 1598.
31. Historia plantarum 1567.
32. Ein geschrieben Arzneibuch, in folio und braun Leder gebunden.
33. 34. 2 geschriebene Arzneibücher in 4to.
35. De generibus ebriosorum et ebrietate vitanda in 12mo. 1557.
36. Wechselbuch auf alle Münzen in Form eines Registerleins in weiß Pergament. 1603.
37. Neues Zählbüchlein auf weiße und schwarze Münz. 1630.
38. Ein geschrieben Arzneibuch, verguldet auf dem Schnitt.
39. Blumenbuch des Gartens zu Monheim 1615 in 4to.
40. Stammbuch mit einem pergamentnem Ueberzug, verguldet auf dem Schnitt.

4. Beilage.

So benenne und setze ich hiemit zu meinen rechten, wahren und unwidersprechlichen Universalerben ein alle meine Vettern vom Brandt, so weiland von Georg Wolfen vom Brandt zu Seeberg, Christoph Petern vom Brandt zu Kürmreuth u. Fabian v. Brandt zum Hang ehelich geboren u. herkommen, also und dergestalt, daß uf mein seeliges Absterben die drei Aeltesten vom Brandt aus benannten dreien Linien alle meine Hab und Güter, Liegendes und Fahrendes, Nichts davon ausgenommen (außer der Legaten), zu Geld machen und mit Fleiß dahin trachten und sich bemühen sollen, daß Alles, was erlöst wird, oder ich sonsten an Baarschaften und ausständigen Schulden verlassen werde, darunter auch meine noch ohnerörterte Rechtfertigungen*) verstanden werden sollen, bei einem edlen hochweisen Rath der Reichsstadt Nürnberg in die Losungsstuben**) und sonsten an ein gewisses Ort ehrenbemeldter Stadt Nürnberg uf Interesse untergebracht werden mögen. Welches dann ohnaufgekündet zu ewigen Zeiten daselbst liegend bleiben soll, bis daß das Interesse jährlich 600 fl. erträgt. Alsdann sollen von solchem Interesse zwen Junge vom Brandt, so zu den Studiis qualifizirt, zur Schul und auch auf Universitäten und fremden Landen von 8 Jahren ihres Alters unterhalten werden, bis jeder das 24 Jahr seines Alters complirt hat. Alsdann soll solch Interesse wieder auf andere zwen Junge vom Brandt u. also hinfüro zu ewigen Zeiten, oder solang diese 3 Linien und ihre Descendenten in rerum natura sein werden, darmit also gehalten und continuirt werden, auf daß dardurch die löblichen und nützlichen Studia und adelichen Tugenden bei Denen vom Brandt erhalten und ehrliche wohlqualifizirte Leute dem Vaterlande zum Besten erzogen werden. Und solle dieses Benefizii zum erstenmal fähig sein und genießen des wohledlen und gestrengen Christophen Peters vom Brandt, meines freundlich lieben Vettern und Gefattern, Sohn Wolfgang Philipp, als mein Taufdoth***), und noch einer aus seinen Gebrüdern, welcher am tauglichsten darzu befunden wird, welches bei hochermeldten eines edlen Raths zu Nürnberg Erkanntnuß stehen

*) unbeendigte Rechtsstreite.
**) Finanzkammer.
***) Denselben vermachte er auch sein Siegel, seinen Petschaftring nebst den übrigen Petschaften und seine lateinischen Bücher.

soll. — Sollten aber diese 3 Linien sämmtlich abgehen, so soll dies Beneficium auf die andern vom Brandt, so meines Namens und Stammens, Schild und Helms und ehelich geboren seind, verwendet werden, welche am besten qualificirt, ohne Unterscheid, sie kommen von was Linien sie wollen. Will also hiemit andern vom Brandt, welche auch ohne eheliche Leibserben absterben möchten, ein Exempel gegeben haben, daß sie mir nämlich wollen nachfolgen, solche Stiftung helfen vermehren, damit noch mehr Junge vom Brandt dergestalt können verlegt werden, und demnach allzeit unser adelicher Nam und Stamm darburch geziert und solche Leut darmit erzogen werden, welche Gott und der Welt mit Ehren dienen können.